KOCHEN
MIT DEM PAPST

1. Auflage 2018
© der deutschsprachigen Ausgabe 2017 by Südwest Verlag, einem Unternehmen der
Verlagsgruppe Random House GmbH, Neumarkter Straße 28, 81673 München
Die Originalausgabe erschien 2018 unter dem Titel »A tavola con Francesco«.

Hinweis: Das vorliegende Buch ist sorgfältig erarbeitet worden. Dennoch erfolgen alle Angaben
ohne Gewähr. Weder Autorin noch Verlag können für eventuelle Nachteile oder Schäden, die aus
den im Buch gegebenen Hinweisen resultieren, eine Haftung übernehmen.

Sollte diese Publikation Links auf Webseiten Dritter enthalten, so übernehmen wir für deren
Inhalte keine Haftung, da wir uns diese nicht zu eigen machen, sondern lediglich auf deren
Stand zum Zeitpunkt der Erstveröffentlichung verweisen.

Redaktionsleitung: Dr. Harald Kämmerer
Projektleitung: Eva M. Salzgeber
Übersetzung aus dem Italienischen: Gabriele Hoffmann
Redaktion der deutschsprachigen Rezepte: Eva M. Salzgeber
Producing, Redaktion & Satz: Dr. Alex Klubertanz, Garmisch-Partenkirchen
Korrektorat: Christine E. Gangl
Umschlaggestaltung: OH, JA! München
Bildredaktion: Sabine Kestler

Für die italienischsprachige Originalausgabe
Text: Roberto Alborghetti
Rezeptfotografie: Piermichele Borraccia
Rezeptredaktion: Licia Cagnoni, Luca Montersino (pag. 153)
© Dalcò Edizioni Srl, Via Mazzini, 6 - 43121 Parma
Herausgeberin: Giulia Malerba
Grafisches Konzept: Cristiana Mistrali
Mitarbeit: Lucia Carletti, Concetta Lanza, Armando Minuz
Bildnachweis: AFP/Getty Images (S. 33, 159), Alberto Pizzoli/Getty Images (S. 80, 85), Anadolu
Agency/Getty Images (S. 139, 154), API/Getty Images (S. 27, 43), Awakening/Getty Images (S. 83),
Christopher Furlong/Getty Images (S. 81), Franco Origlia/Getty Images (Cover, S. 4, 9, 10, 29, 47,
58, 78, 82, 105, 113, 124, 141, 172, 205), FPG/Getty Images (S. 27), Giulio Origlia/Getty Images
(S. 195), Grupo 44/Getty Images (S. 51, 58, 69, 71), Handout/Getty Images (S. 103, 190), Hulton
Archive/Getty Images (S. 34), Keystone/Getty Images (S. 34), Mondadori Portfolio/Getty Images
(S. 129), NurPhoto/Getty Images (S. 17, 91, 123, 168), Pacific Press/Getty Images (S. 169), Pool/
Getty Images (S. 202), Saul Loeb/Getty Images (S. 147), SeM/Getty Images (S. 34), Spencer Platt/
Getty Images (S. 179), Vatican Pool/Getty Images (S. 95, 196), Vincenzo Pinto/Getty Images (S. 13,
187); Fotolia

Printed in Italy

ISBN 978-3-517-09726-8
www.suedwest-verlag.de

ROBERTO ALBORGHETTI

KOCHEN
MIT DEM PAPST

DIE LIEBLINGSREZEPTE
VON FRANZISKUS

südwest

Inhalt

» ... und er setzte sich zu Tisch«

Sonntag, 19. November 2017. Erstmals ist Sein Tag im Jahr weltweit den Armen gewidmet. In der *Aula Paolo VI.* im Vatikan ist der Teil, in dem sonst die päpstlichen Generalaudienzen stattfinden, in eine Art riesiges Restaurant umgewandelt worden. An 151 einfach gedeckten Tischen sitzen 1500 Gäste. Es sind »spezielle Gäste«, mit denen Papst Franziskus ein Fest der Begegnung feiern will: ein gemeinsames Mittagessen. Es sind Menschen in Not, die meist weder eine Arbeit noch ein Zuhause haben.

Das Menü ist einfach und bodenständig: Sardische Gnocchi, Häppchen mit Kalbfleisch und Gemüse, Polenta und Brokkoli, Tiramisù, Wasser, Orangensaft, Kaffee.

Weniger als diese Gerichte sind es die heitere Atmosphäre und die Bedeutsamkeit der Einladung, die in die Herzen der Geladenen dringen. Mit ihnen – am selben Tag, zur selben Zeit – haben sich weitere 2500 Personen versammelt, Menschen, die in den offenen Tafeln der Caritas, in katholischen Seminaren und Kollegien in Rom verpflegt werden.

Wenige Wochen zuvor, am 1. Oktober 2017, fand eine ähnliche Einladung in Bologna statt. Bei seinem Pastoralbesuch in dieser von den Etruskern gegründeten Stadt wollte Franziskus mit 1000 Bedürftigen gemeinsam essen. Man hatte einen plakativen Ort dafür ausgesucht: die Basilika des heiligen Petronius, Bischof von Bologna im 5. Jahrhundert und Schutzpatron der Stadt, die fünftgrößte Kirche der Welt. Eine starke, eine mächtige Geste.

Als wolle man sagen: Das gelebte Evangelium und die Kirche vereinigen sich, wenn man mit jenen, die hungern, mit jenen, die arm sind gemeinsam das Brot bricht.

Auch in vielen anderen Städten, zu Wallfahrten und auf seinen Hirtenbesuchen pflegt Franziskus das Zusammensein mit denjenigen, die die Gesellschaft vergessen hat und die an ihren Rändern leben. Unvergesslich zum Beispiel ist das Essen, das für 1500 Arme am 4. September 2016 in der *Aula Paolo VI.* zur Feier der Heiligsprechung von Mutter Teresa organisiert wurde. Denn, so sagt Papst Bergoglio, wer sein Mahl teilt, teilt

Essen zu teilen bedeutet Zeit für seinen Nächsten zu haben. Es ist eine Quelle der Beziehungen. Es ist die Akzeptanz des Anderen. Es ist das Zuhören.
Das Essen gemeinsam einzunehmen ist eine starke Aktion mit hoher Symbolkraft.

auch Zeit mit seinem Nächsten. Ein gemeinsames Mal verbindet. Man nimmt sich einander an, hört sich gegenseitig zu. Eine so bedeutungsvolle wie symbolische Handlung, die auf die Lebendigkeit religiöser Zeichen und Werte verweist. Sie zeigt die Bindung zum Anderen und damit die Verbundenheit mit dem Höchsten.

Die Bibel ist voll von Gleichnissen, in welchen die Nahrung und ihr Verzehr eine Verbindung zwischen Gott und den Menschen schaffen, einen Dialog mit dem Schöpfer einleiten. Schon in der Genesis speist der Schöpfer die Lebewesen: »Dann sprach Gott: Hiermit übergebe ich euch alle Pflanzen auf der ganzen Erde, die Samen tragen, und alle Bäume mit samenhaltigen Früchten. Euch sollen sie zur Nahrung dienen.« (Genesis 1, 29–30)

Die ersten Seiten der Bibel enthalten auch bereits die erste Herausforderung für den Menschen. Sie dreht sich um die Frage, welche Nahrung ihm nicht schadet, was er essen darf: »Von den Früchten der Bäume im Garten dürfen wir essen; nur von den Früchten des Baumes, der in der Mitte des Gartens steht, hat Gott gesagt: Davon dürft ihr nicht essen und daran dürft ihr nicht rühren, sonst werdet ihr sterben.« (Genesis 3, 2–3)

Dieser »Baum des Lebens« taucht – ein Hinweis auf den Werdegang und die Zukunft des Menschen – auf den letzten Seiten der Heiligen Schrift in der Apokalypse des Johannes wieder auf: »Zwischen der Straße der Stadt und dem Strom, hüben und drüben, stehen Bäume des Lebens. Zwölfmal tragen sie Früchte, jeden Monat einmal; und die Blätter der Bäume dienen zur Heilung der Völker.« (Offenbarung 22, 2)

Nahrungsmittel erzählen in der Bibel die Geschichte der Menschheit, besonders ihre Wendepunkte, wie die Wanderung des Israelischen Volkes durch die Wüste, die durch das Manna vom Himmel erst möglich wird. (2 Mose 16) Das Gelobte Land schildert die Heilige Schrift als Ort, an dem überreich Früchte wachsen und Milch und Honig fließen (4 Mose 13, 23–24, 5 Mose 8, 7ff).

Die Riten und kultischen Handlungen im Tempel sind eine Einladung »am Tisch des Herrn« zu essen, wie im Dankopfer der Kommunion (3 Mose 7, 11–15) beschrieben. Die Nahrung ist das »Element der Kommunion« und sie kennzeichnet die Feste, die zur Feier der verschiedenen Lebensabschnitte begangen werden: Geburt, Taufe, Beschneidung, Verlobung, Hochzeit, Tod. Es sind Feste, an denen man offenen Herzens rund um die Tafel sitzt, mit Armen teilt und Bedürftige speist.

Im Buch der Sprüche ist die Nahrung Thema der Weisheitsliteratur, im Gesang der Gesänge wird sie zur Metapher für die Liebe.

Im Neuen Testament wird Jesu Wandel unter den Menschen durch Ereignisse geschildert, in denen Nahrung im Mittel-

Die Freude, sich gemeinsam an einen Tisch zu setzen, öffnet das Herz für solidarische Gesten mit den Armen sowie den Wunsch nach Gastfreundschaft und Willkommensein.

punkt steht. So in der Hochzeit zu Kana (Johannes 2, 1–12), bei der Speisung der Fünftausend (Markus 6, 30–44). Als Jesus von den Zweiflern gefragt wird, ob er derjenige sei, der da kommen soll, lautet sein Kommentar: »Der Menschensohn ist gekommen, er isst und trinkt; darauf sagt ihr: Dieser Fresser und Säufer, dieser Freund der Zöllner und Sünder!« (Lukas 7, 34). Und mehr noch: Jesus hilft Simon Petrus beim Fischfang (Lukas 5, 1–11), nach seiner Auferstehung erscheint er am See von Tiberias und lädt die Jünger an ein Kohlenfeuer, »darauf Fisch und Brot« liegen (Johannes 21, 1–14). Er erzählt das Gleichnis von Sauerteig und Mehl (Matthäus 13, 33), er verweilt mit seinen Jüngern beim Passah-

Lamm (Markus 14, 12–25) und lehnt auch Einladungen Andersgläubiger nicht ab, wie der Evangelist Lukas berichtet: »Jesus ging in das Haus eines Pharisäers, der ihn zum Essen eingeladen hatte, und legte sich zu Tisch.« (Lukas 7, 36–50) Vor seiner Kreuzigung ruft er seine Jünger zu einem letzten Abendmahl zusammen.

Auch die Erfahrungen der ersten Christengemeinde stützen sich auf das gemeinsame »Mahl in Freude und Einfalt des Herzens« (Apostelgeschichte 2, 46), die Achtung für diejenigen, die bedürftig sind und ihre Einladung zu Tisch (Apostelgeschichte 6, 1–6). Der Apostel Paulus beschreibt in seinen Korintherbriefen die Regeln für die christliche Gemeinde in Korinth: »Wenn ihr also zum Mahl zusammenkommt, meine Brüder, wartet aufeinander!« (1. Korinther 11, 33). Denn ein Mahl isst man gemeinsam mit anderen, nicht allein, man teilt es mit seinem Nächsten. Wer so gemeinsam um einen Tisch sitzt, gehört zu einer Gemeinschaft, zu einer Familie. Er zeigt seinen Willen, mit anderen zu sein, mit ihnen sein Essen und sein Leben zu teilen, von ihnen angenommen zu werden.

Das alles verdichtet sich zu zwei einfachen Worten: »Gesegnete Mahlzeit«. Wenige Tage nach seiner Wahl zum Papst, bei seiner ersten Ansprache für die Menge auf dem überfüllten Petersplatz am 17. März 2013, überraschte Jorge Mario Bergoglio, der Papst »vom Ende der Welt«, die Gläubigen mit diesem einfachen Segenswunsch. Niemals bisher hatte ein Papst sich mit derart herzlichen und brüderlichen Worten an die Menschheit gewandt. Sie sind zum Kennzeichen des Pontifikats des Argentiniers geworden, Kennzeichen seiner Spontaneität, seiner Teilnahme am Alltag der Gläubigen, Kennzeichen seiner Fähigkeit, kleine, scheinbar selbstverständliche Momente in ihrer ganzen Größe und ihrem hohen Wert wahrzunehmen.

»Gesegnete Mahlzeit!« Hinter diesen Worten verbirgt sich eine Welt, die Welt von Franziskus. Nicht umsonst wird sein sonntäglicher Wunsch in allen Medien stetig wiederholt. Er ist Tradition geworden, weil dieser Wunsch nach einem gesegneten Appetit den Blick auf die festliche Atmosphä-

re in denjenigen Familien öffnet, wo man gemeinsam das »Sonntagsessen« vorbereitet, den schönsten Moment der Woche, wo Eltern, Kinder, Großeltern und Freunde miteinander zusammensitzen, »gute Dinge« verzehren, ihr Zusammensein feiern.

Dieser sonntägliche Wunsch ist ein »Segen«, der auf die Bedeutung und den Wert gemeinsamen Essens verweist, ein Paradigma für Lebensqualität und die Achtung menschlicher Beziehungen. Zudem beinhaltet dieses »Buon pranzo« von Papst Franziskus auch eine Heilsbotschaft, denn wenn sie mittlerweile auch im kirchlichen Protokoll verankert ist, so wird sie doch vor allem gelebt, allen voran vom Papst, der sich zum Essen mit den Vergessenen, den Alten, den Einsamen und Armen setzt.

Dadurch kommt dieses »Buon pranzo« auch einer Provokation gleich, enthüllt es doch unser problematisches Verhältnis zu einem Umgang mit Lebensmitteln, der einen großen Teil der Welt nicht oder nur unzureichend ernährt.

Ein Bericht der Vereinten Nationen vom September 2017 hält fest, dass der Hunger auf unserem Planeten wieder zunimmt: 815 Millionen Menschen, elf Prozent der Weltbevölkerung, hungern, 38 Millionen mehr als im Jahr zuvor. Ein wesentlicher Teil davon lebt in Kriegs- und Krisengebieten und in Regionen, die durch den Klimawandel zerstört werden. Dabei sind diejenigen, die unter ständiger Mangelernährung leiden, nicht einmal erfasst: Millionen von Menschen, davon 205 Millionen Kinder, leiden unter den Folgen unzureichender Versor-

> **Es brauchte einen Papst und seinen Wunsch, um uns alle an die Freude und an das Glück zu erinnern, die das Zusammensein an einem Tisch schenkt.**

gung, sie sind und bleiben für immer geschädigt! Auch Menschen aus Ländern, in denen Wohlstand herrscht, sind davon betroffen.

Das »Gesegnete Mahlzeit« von Papst Franziskus wendet sich an alle Menschen. Es legt den Finger in die offene Wunde unseres modernen Lebensstils, auf die »Notwendigkeit ihn zu ändern«, diesen »fahrlässigen Umgang mit den Ressourcen der Erde, angefangen bei den Produktionsmethoden bis hin zu einem Konsumverhalten, das einen großen Teil der Lebensmittel verderben lässt«. Wir dürfen nicht so tun, »als ginge uns das nichts an«. So der Papst am

16. Oktober 2017, dem Welternährungstag, bei seinem Besuch am Sitz der UN-Ernährungsorganisation FAO in Rom.

Bei diesem Besuch machte der Pontifex auch klar, dass es keine Lösung sei, die Anzahl der Mäuler, die gestopft werden müssen, zu verringern, um das Welthungerproblem zu lösen. In Anbetracht der Lebensmittelverschwendung in den Industrieländern – in der EU landen jedes Jahr geschätzt 88 Tonnen Nahrungsmittel auf dem Müll, also 173 kg pro Kopf der Bevölkerung – »ist das die falsche Lösung«. Ein Kurswechsel sei dringend geboten. Eher noch als »reduzieren«, sagt Franziskus, solle man »teilen« und dadurch eine »Kehrtwende« einleiten.

Vor den Vertretern der Welternährungsorganisation warb er dafür, »die Kategorie der Liebe in die Sprache der internationalen Zusammenarbeit einzuführen, gemeinsam mit Unentgeltlichkeit, Gleichbehandlung, Solidarität, Kultur des Gebens, Brüderlichkeit und Mitleid. Diese Worte drücken den praktischen Gehalt des Begriffs ›humanitär‹ aus, der bei internationalen Aktivitäten ständig in aller Munde ist«, so Franziskus. Über ein Mitleid hinaus, das nur Notlagen lindere, sei das Eintreten für eine gerechte Sozialordnung unerlässlich. »Liebe bedeutet, die Menschheitsfamilie nicht weiterhin zu unterteilen in die, die im Überfluss schwelgen, und die, die nicht einmal das Nötigste haben«, sagte er.

In seiner Enzyklika »Laudato si« schlägt der Papst konkrete Maßnahmen dafür vor. Es sei nicht nötig, die Nahrungsproduktion noch weiter zu steigern, sondern man müsse

In Papst Franziskus' »Gesegnete Mahlzeit« lesen wir die Aufforderung, uns der Heiligkeit der Nahrung wieder bewusst zu werden.

das Augenmerk auf eine gerechtere Verteilung richten, auch im Hinblick auf die Biodiversität, die Nachhaltigkeit und die Umweltfreundlichkeit aller Prozesse innerhalb der Nahrungskette. Dringend müsse eine neue Sozialordnung entwickelt werden, die den Konsum unter die Aspekte der Ethik, der Gleichheit, der Gerechtigkeit und seiner Vereinbarkeit mit den Ressourcen des Planeten stelle. »Es müsste einen anderen Blick geben, ein Denken, eine Politik, ein Erziehungsprogramm, einen Lebensstil und eine Spiritualität, die einen Widerstand gegen den Vormarsch des technokratischen

Paradigmas bilden. Andernfalls können auch die besten ökologischen Initiativen schließlich in derselben globalisierten Logik stecken bleiben.«

»Einfachheit« wäre ein passendes Wort dafür. Man muss sich wieder des Wertes der Nahrung, ihrer Farben und ihrer Formen bewusst werden, denn in unserer schnellen und mediengesteuerten Welt des zwanghaften Konsumismus – wo paradoxerweise Köche plötzlich zu Meinungsmachern und »Influencern« werden – ist es dringend geboten, die eigentlichen, unverfälschten Geschmäcker, Aromen und Düfte wiederzuentdecken.

Deshalb vollziehen die folgenden Seiten, auch was die Fotos anbelangt, die kulinarischen Stationen in der Biographie von Jorge Mario Bergoglio nach.

Diese Dokumentation soll dazu beitragen, Ihre Geschmacksnerven wieder zu sensibilisieren und Sie daran erinnern, dass der Verdauungsprozess nicht im Magen beginnt, sondern im Kopf, im Geist und in der Seele. Sie stellt die Frage, auf welche Weise das Essen Nahrung für Geist und Seele sein kann. Denn im »Gesegnete Mahlzeit« von Franziskus liegt auch die Einladung, die Nahrung wieder als heilig zu begreifen. Der gefüllte Teller, den man dem Gast reicht, steht auch in der Bibel im Zentrum der Gastfreundlichkeit. Im 23. Psalm deckt Gott selbst »mir den Tisch / vor den Augen meiner Feinde. Du salbst mein Haupt mit Öl, / du füllst mir reichlich den Becher.«

Ein voller Tisch ist ein Zeichen göttlichen Segens. Er fordert zu einer Geste des Teilens auf, »nicht nur des Teilens der Mahlzeit, sondern des Daseins, zu Gemeinsamkeit, Freundschaft und Solidarität«, wie Papst Benedikt XVI., Vorgänger von Franziskus, es formuliert hat. Darin liegt die Aktualität dieses Buches.

Es beschreibt das Verhältnis von Papst Franziskus zum wirklichen Wert der Nahrung, die – mehr als alles andere – uns Menschen auffordert, Kontakte zu halten und zu knüpfen, Gemeinsamkeit zu pflegen, Erinnerungen zu teilen, Kultur und Kulturen weiterzugeben. Es fasst zusammen, wie eine »Kultur der Speise« sein ganzes Leben geprägt hat. Es zeigt, wie Großmutter und Mutter ihn den sorgsamen Umgang mit Lebensmitteln lehrten, ihm zeigten, dass ein gedeckter Tisch Ausdruck von Bewirtung und Solidarität gleichermaßen ist.

Es streift die Begegnungen auf seinen Reisen wie auch die in der Mensa der Casa Santa Marta im Vatikan ebenso wie seine Aufforderung zur Sorge um die Schöpfung und »unser gemeinsames Haus«, geäußert in der Enzyklika »Laudato si«. Ein Thema ist seine »Vision« von der Einfachheit der Tat, wie sie sein Zusammensein mit den ganz gewöhnlichen Menschen bei Tisch zeigt. Und zuletzt widmet es sich seinen wiederholten Appellen gegen ein Konsumverhalten, das zu einer unglaublichen Verschwendung von Lebensmitteln und damit einem Verlust von Lebensqualität geführt hat.

Es soll Herz und Augen öffnen für die vielen Dimensionen des Segens, den der Papst jeden Sonntag wiederholt: »Buon pranzo!«

1.

Die »Wurzeln« zwischen dem hügeligen Piemont und der ehemaligen Markgrafschaft Monferrat

Wie Großmutters Plätzchen«: Exakt so lautete der Titel der Homilie, der Bibelauslegung, die Papst Franziskus am 14. Oktober 2016 während der Morgenmesse im Gästehaus des Vatikans, der Casa Santa Marta, vor einer Gruppe von Gläubigen hielt. Ergriffen lauschten die Gottesdienstbesucher der Stimme des argentinischen Kirchenoberhauptes, als er einige Erinnerungen aus seiner Kinderzeit heraufbeschwor. Gelassen, quasi aus dem Stegreif, legte Jorge Mario Bergoglio die Bibelstelle Lukas 12, 1–7 aus. Lukas beschreibt in ihr die Rolle des Sauerteigs bei der Zubereitung von Speisen.

Überträgt man dieses biblische Bild auf die Ebene menschlicher Verhaltensweisen, dann verweist es auf die Notwendigkeit, unsere alltäglichen Handlungen mit Substanz, mit Bedeutung zu füllen und so Heuchelei oder Schlimmeres zu vermeiden.

Papst Franziskus berief sich – wie es so seine Art ist – auf eine persönliche Geschichte aus seiner Kindheit, die mit den häuslichen Tätigkeiten seiner Großmutter Rosa verbunden ist. Diese Großmutter hatte einen großen Anteil an seiner menschlichen und spirituellen Entwicklung. Wörtlich sagte er: »Als wir Kinder waren, buk die Großmutter zu Karneval Plätzchen. Dafür rollte sie zunächst einen Teig hauchdünn aus. Als sie ihn ins heiße Öl gab, blähte der Teig sich auf und die Plätzchen gingen auf, immer weiter. Doch wenn wir dann hineinbissen, war nur Luft darin. Im Dialekt des Piemont hießen sie ›busie‹ oder ›bugie‹ – was Unwahrheit, Unaufrichtigkeit oder gar Lüge bedeutet.«

Dieselbe Großmutter – sie stammte aus der »Alta Langa«, einer Region südöstlich des Flusses Belbo – hat sicherlich auch die klassische »bugia« der Provinz Asti geba-

cken: ein Gebäck, das wegen seiner Lockerheit und Zartheit überaus geschätzt ist. Nonna Rosa erklärte ihrem Enkel, warum es seinen Namen bekam: »Diese Plätzchen«, so fuhr Papst Bergoglio in seiner Predigt fort, »sind wie Lügen: Sie scheinen stattlich, aber sie sind hohl. Kein Fünkchen Wahrheit steckt in ihnen. Sie haben keine Substanz.«

Oft arbeitet in Papst Franziskus selbst der »Sauerteig« derjenigen Dinge, die er in jungen Jahren erlebt hat. Er lässt ihn Denkanstöße, Überlegungen und Gedankengänge in lebendige Bilder und Worte fassen. Diese Erinnerungen führen ihn unvermeidlich zurück in die Zeit, in der er gemeinsam mit seiner Großmutter Rosa Margherita Vassallo in Buenos Aires lebte, umgeben von Großvater Giovanni Bergoglio, Mutter Regina María Sívori und Vater Mario José. Jene Jahre, die er mit den Geschichten seiner Familie aus dem Piemont verbrachte. Einer Familie, die in den 1920er-Jahren, als Italien von dem faschistischen Diktator Benito Mussolini regiert wurde, ihre Heimat verließ und nach Übersee auswanderte, mit leeren Taschen, aber voller Hoffnung auf eine bessere Zukunft.

Die heimischen Anekdoten und Erzählungen nisteten sich im Herzen des kleinen Jorge Mario, des späteren Papstes Franziskus, ein: ein Kaleidoskop aus Farben und Gerüchen und vor allem aus dem Geschmack traditioneller Gerichte und ihrer wohligen Wärme. Diese Speisen sind Ausdruck einer Kochkunst, die sowohl Spiegel als auch Essenz eines bestimmten Ortes mit seinem ihm eigenen

🟩 Im Foto oben stellt sich ein junger Bergoglio (oberste Reihe, Zweiter von links) mit seiner Familie dem Fotografen. Auch seine Schwester María Elena ist ganz links im Bild zu sehen. Das Foto unten links zeigt ihn als Jungen. Rechts die Langhe, aus der seine Familie ursprünglich stammt.

Oben links eine Schale mit »Bugie«, dem berühmten Gebäck aus dem Piemont, auf das Papst Franziskus während einer seiner Predigten hinwies. Oben rechts ein Rotwein aus dem Piemont. Darunter der Pfad zwischen den Rebstöcken eines Weinbergs.

Das Piemont, aus dem die Vorfahren von Jorge Maria Bergoglio stammen, zeichnet sich durch die Fruchtbarkeit seiner Böden aus und durch das, was sie hervorbringen: von der Haselnuss »Tonda Gentile delle Langhe« bis zu den Reben, die erlesene Weine hervorbringen.

Der Urgroßvater von Jorge Mario, Francesco Bergoglio, kam aus Montechiaro, wo er 1857 geboren wurde.

Boden ist. Folgt man auf der Suche nach den Ursprüngen der Familie Bergoglio den Großeltern Giovanni und Rosa, der Zeitachse in die Vergangenheit, so ist das wie eine Reise zwischen den Hügeln der Landstriche der Langhe und des Monferrat, eine Reise zwischen den Straßen von Turin und den sanft gewellten Weinbergen der Provinz Asti.

Die Familie von Papst Franziskus »wurzelt« irgendwo zwischen den Feldern und den Hügeln um die Gemeinde Portacomaro Stazione nicht weit von Asti. Dort lassen sich 1862 die Brüder Giacomo, Giuseppe und Dionigi Bergoglio nach einem Tauschvertrag mit Salvador Debenedetti, einem Mitglied der jüdischen Gemeinde von Asti, nieder. Sie hatten ihre »Pellerina« in Montechiari d'Asti, einen eher kleinen Bauernhof, mit Debenedetti gegen den etwa dreißig Hektar großen »Bricco Marmorito« getauscht.

Das Wort »bricco« – »bric« im »Piemontèis«, der piemontesischen Sprache – bezeichnet den Gipfel eines Hügels. Da die Grundstücke des neuen Hofes größer sind und sein Wert höher ist (nämlich 6000 damalige Lire), werden die Brüder Bergoglio dazu verpflichtet, die fehlende Summe im Zeitraum von »zwölf Erntejahren« aufzubringen, indem sie der Familie Debenedetti »die Hälfte der Traubenernte aus den Weinbergen« überlassen, selbst dann, wenn Hagel die Ernte vernichten sollte.

Die Brüder Bergoglio krempelten die Ärmel hoch: Auf den fruchtbaren Hügeln rund um Portacomaro begannen sie, Reihen von Rebstöcken zu kultivieren, die Trauben in bester Qualität hervorbrachten.

Inzwischen ist das Gebiet berühmt für seinen *Grignolino d'Asti*, für seine *Barbera*-Weine (*Barbera d'Asti* und *Barbera del*

Monferrato) und für den *Ruchè di Castagnole Monferrato*. Als Huldigung an den ersten Papst der Geschichte produziert man heute auch den *Sampé*, den San Pietro, einen Weißwein der Qualitätsstufe D. O. C. aus Monferrato. Er ist das süffige Produkt eines Bodens, in dem – auf dem uralten Friedhof von San Pietro – der Ururgroßvater des Papstes, Giuseppe Bergoglio, 1878 beerdigt wurde.

Doch die Ahnen der Bergoglios stammen vermutlich aus einem anderen Teil des ehemaligen Markgrafentums Monferrato. Folgt man Orsola Appendino, die über die Piemonteser Gemeinden in Argentinien forscht und schreibt, kamen die Bergoglios vermutlich aus Cortiglione di Robella, gut dreißig Kilometer nördlich von Asti. Dort tragen noch heute einige Familien denselben Nachnamen wie der Papst. Der Urgroßvater von Jorge Mario kam aus Montechiaro, wo er 1857 geboren wurde, und trug den Namen Francesco: Der vom Pontifex gewählte Name kann also auch als Reminiszenz an seinen Urahn gelesen werden. Giovanni Angelo, der Großvater von Papst Franziskus, erblickte 1884 in Asti das Licht der Welt. 1906 zog er nach Turin, wo er die gleichaltrige Rosa Margherita Vassallo heiratete.

Rosa – die oben erwähnte Nonna Rosa – stammte aus der Alta Langa, einem Gebiet zwischen dem Piemont und Ligurien, ein hügeliger Landzipfel, den die Provinzen Cuneo, Alessandria, Asti und Savona einfassen. Nach der Wahl von Papst Franziskus hat man die örtlichen Archive durchforstet und herausgefunden, dass Rosa bei ihren

Haselnusstorte aus der Nusssorte »Tonda gentile delle Langhe«

Zutaten für 1 Torte
150 g Piemonteser Haselnüsse (Nocciola Piemonte IGP) ▪ 150 g Zucker ▪ 30 g Butter ▪ 3 Eier ▪ 1 Prise Salz ▪ 1 EL Kakao entölt ▪ 1 Tütchen Backpulver
1 EL Puderzucker zum Bestäuben

Rösten Sie die Haselnüsse mit der braunen Haut in einer Pfanne ohne Fett an und lassen Sie diese danach gut abkühlen. Anschließend mahlen Sie die Nüsse zusammen mit der Hälfte des Zuckers zu Nussmehl. Sie können statt des weißen Zuckers auch Rohrzucker nehmen. Geben Sie die Butter in einen kleinen Topf und lassen Sie sie bei niedriger Temperatur schmelzen und anschließend wieder etwas abkühlen. Sie sollte für die weitere Verwendung weich, aber auf keinen Fall heiß sein.

Trennen Sie die Eier und schlagen Sie die Eigelbe mit dem restlichen Zucker schaumig. Sie sollten so lange schlagen, bis eine hellgelbe, luftige Masse entsteht und der Zucker restlos gelöst ist. Rühren Sie nun langsam zuerst die Butter und anschließend das Nuss-Zucker-Mehl ein. Die Eiweiße zu festem Schnee schlagen. Geben Sie, sobald das Eiklar weiß wird, das Salz dazu, so wird der Eischnee besonders schön fest. Heben Sie nun den Eischnee, den Kakao und das Backpulver mit einem Löffel oder Teigschaber gründlich unter. Sobald eine homogene, mittelfeste Masse entsteht, geben Sie diese in eine gebutterte Springform und verteilen sie gleichmäßig.

Backen Sie die Torte im vorgeheizten Ofen bei 170 °C für etwa 30 bis 40 Minuten. Um sicher zu sein, dass die Torte durchgebacken ist, machen Sie die Probe mit einem Zahnstocher: Stechen Sie ihn gegen Ende der Backzeit in den Teig und ziehen Sie ihn wieder heraus. Bleibt er trocken, ist die Torte fertig. Nehmen Sie die Springform aus dem Ofen und lösen Sie den Rand mit einem spitzen Messer vorsichtig von der Form. Den Kuchen in der Form bei Zimmertemperatur abkühlen lassen. Vor dem Servieren die Torte mit Puderzucker bestäuben und nach Wunsch mit ein paar grob gehackten Haselnüssen dekorieren.

Noch heute stellen in Montechiaro die örtlichen Bäcker die klassische Haselnusstorte her. Ein überaus feiner Kuchen, ohne ein Gramm Mehl!

Eltern in Cortemilia, in der Provinz Cuneo aufwuchs, also knapp fünfzig Kilometer südlich von Asti. Cortemilia ist weltbekannt für seine Haselnüsse, die dort seit Jahrhunderten angebaut werden. Besonders renommiert ist in diesem Zusammenhang die Nusssorte *Tonda gentile delle Langhe*. Ebenso bekannt ist Cortemilia für eine Rebsorte, aus welcher der *Dolcetto dei terrazzamenti* gekeltert wird.

Die Herausforderungen der Landarbeit scheint die Bevölkerung charakterlich abgehärtet zu haben. Doch die Bergoglios waren an die Mühen harter, bäuerlicher Arbeit gewohnt und wurden Schrittmacher landwirtschaftlicher Vermarktungsstrategien. Lange bevor die moderne Formel »from farm to table« in aller Munde war, brachten sie ihre Erzeugnisse direkt an den Kunden: Den Quellen nach betrieb Dionigi Bergoglio, Bruder von Giovanni Angelo, dem Großvater des späteren Papstes, ein »ristorante caffè«, ein Kaffeehaus namens »della Nocciuola« – zur Haselnuss.

Heute sind der Haselnuss vor allem im August und September Volksfeste und Feiertage gewidmet. Sie ziehen Scharen von Touristen ins Alta Langa, die auf der Spur der Besonderheiten der *Tonda gentile delle Langhe* sind. Diese Nuss ist auch bekannt als *Nocciola Piemonte IGP* – Piemonteser Haselnuss (geschützte geografische Angabe). Sie zeichnet sich durch eine besonders harte und kräftige Schale aus. Von der Süßwarenindustrie wird sie wegen ihres Geschmacks und ihres Duftes geschätzt. Zudem lässt sie sich einfach verarbeiten und gut konservieren. Sie ist also ein regionaltypisches Produkt: das Markenzeichen eines besonderen Gebiets und seiner arbeitsamen Bevölkerung. Noch heute backen die örtlichen Bäcker die *Torta alla Nocciola*, eine überaus wohlschmeckende Torte ohne ein Gramm Mehl im Teig.

Dasselbe Gebäck, Aushängeschild der gastronomischen Tradition des Alta Langa, wurde Papst Franziskus in der Morgenmesse am Mittwoch, dem 23. Mai 2013, von einer

Gerührt bedankte sich der Papst für die Gaben, die Bilder und Gerüche einer Gegend aufleben ließen, die ihm viel wert ist.

Delegation aus Montechiaro anlässlich ihres Besuchs in der Casa Santa Marta des Vatikans überreicht. Der ehemalige Syndikus Marco Rebaudengo und der Vize-Syndikus Angelo Tirone wurden dem Heiligen Vater von Kardialdekan Angelo Sodano, auch er aus Asti und ehemals Staatssekretär des Vatikanstaats, vorgestellt.

»Sechs intensive Minuten, reich an Gefühlen und Emotionen«, berichtet Rebaudengo. Zusammen mit der Nusstorte überbrachte er dem Papst die Forschungsergebnisse zur Geschichte der Familie Bergoglio in der Provinz Asti. Auch eine Schachtel mit »Amaretti del Sassello« übergab er ihm. Diese Makronen aus Eischnee, Zucker und Mandeln sind ebenfalls eine kulinarische Spezialität aus dem Gebiet zwischen dem Piemont und Ligurien. Gerührt bedankte sich der Papst für diese Gaben. Zwischen den ihm überreichten Texten und Dokumenten fand sich auch die Notiz, dass sein Großvater Giovanni Angelo eine Zeitlang im »Ristorante Caffè della Nocciuola« in

Montechiaro beschäftigt war, angestellt von seinem Onkel Dionigi. Es scheint, dass er genau dort zum ersten Mal Rosa Vassallo sah, die am 20. August 1907 in Turin seine Frau wurde. Man darf sich also vorstellen, dass die kulinarische Kultur und das geschmackliche Feingefühl von Jorge Mario nicht nur angeborene, von Großmutter Rosa vererbte Fähigkeiten bei der Zubereitung von Speisen sind, sondern auch ein direkter Hinweis auf die konkreten Erfahrungen, die sein Großvater Giovanni Angelo im Alta Langa machte. Leider existieren von dieser Trattoria nur noch wenige Fotos aus dieser Zeit, das Lokal selbst wurde vor Kurzem abgerissen.

Die Großeltern der väterlichen Linie von Papst Franziskus lebten in Turin, in der Via Santa Teresa 12, mitten im Stadtzentrum, direkt gegenüber der Kirche Santa Teresa.

Dort waren sie getraut worden, und dort hatten sie am 6. April 1908 ihren Sohn Mario Giuseppe Francesco, der vier Tage vorher auf die Welt gekommen war, taufen lassen.

Turin gehörte früher, wie das gesamte Piemont, zu Savoyen. Großmutter Rosa arbeitete als Schneiderin in dieser franko-italienischen Stadt. Es heißt, dass sie großartig nähte. Vermutlich hatte sie bei den »Damigelle Spillmann« gelernt. Diese Jungfern Spillmann waren Koryphäen auf dem Gebiet der Schneiderei und der Putzmacherei. Sie waren Gönnerinnen der Kirche Santa Teresa und gehörten zu den herausragenden Modemacherinnen, die zu Beginn des 20. Jahrhunderts die Grundlagen für die Modeindustrie der Stadt legten. Großvater Giovanni hingegen profitierte von seinen Lehrjahren im Restaurant von Onkel Dionigi. Der Zufall wollte es, dass in der Via Santa Teresa, direkt neben seinem Wohnhaus, die Likörfabrik »Rolando e Brosio« ihren Sitz hatte.

Giovanni wurde als »allievo liquorista« eingestellt, als Lehrling der Likörherstellung. Er lernte, wie man Weine und Liköre mit aromatischen Kräutern aus den Bergen und Tälern des Piemont versetzt. Giovanni entwickelte sich mit der Zeit zu einem erfahrenen »vermutiere«, einem Spezialisten für Wermut. Der Wermut oder »Vermouth« (»vermut« in der Sprache des Piemont) – ein Getränk, für das Turin schon damals berühmt war – ist ein mit Gewürzen und Kräutern angereicherter Wein. Er schmeckt bitter, da das Wermutkraut *artemisia absinthum*, sein Namensgeber, ausgespro-

Der Großvater Giovanni stand in den Jahren 1916 und 1917 als Soldat an vorderster Front, wo er leidvolle Erfahrungen machen musste. Später schilderte er sie seinem Enkel Jorge Mario.

chen viele Bitterstoffe enthält. Erfunden wurde der Wermut bereits im 8. Jahrhundert. Die historischen Marken (Martini e Rossi, Cinzano, Carpano) sollten später auf industrielle Produktion umsteigen und den Wermut weltweit bekannt machen. Neben dem Wermut hatte Turin zu Beginn des 20. Jahrhunderts bereits eine weitere ebenso traditions- wie ruhmreiche Spezialität: *il cioccolato* – die Schokolade. Schon 1678 hatte Maria Giovanna Battista von Savoyen-Nemours, die von 1675 bis 1684 das Herzog-

Oben: Ein Foto um 1975. Es zeigt Jorge Mario Bergoglio, während er eine Messe zelebriert. Unten: Der Hafen von Buenos Aires in den 1930er-Jahren.

Großmutter Rosa machte ihren Enkel mit täglicher Hausarbeit und einem genügsamen, einfachen Leben vertraut.

tum regierte, ein »Patent« darauf erteilt. Giò Antonio Ari hatte die Konzession für den Verkauf von *cicalada* – einem Schokoladengetränk –bekommen. Der *bicerin* – ein heißes Schokoladengetränk, dem man Kaffee und Schlagsahne zugab, jedoch ohne das Ganze zu vermischen – wurde zum »bicchierino«, was »kleines Glas« bedeutet, aber eben nicht nur, und zu einem Wahrzeichen Turins. In der Folge entwickelte sich auch die Herstellung von Pralinen, für die Turin heute weltberühmt ist.

Bicchierini und Pralinen stehen für ein aufstrebendes Turin, eine Stadt, die sich auf die »modernen Zeiten«, die im Anmarsch waren, vorbereitete. Bedauerlicherweise tauchten am Horizont die dramatischen Jahre des Ersten Weltkriegs auf. Auch

Giovanni musste an die Front: Er wurde zum 78. Regiment Lupi di Toscana – Wölfe der Toskana – eingezogen. In den Jahren 1916 und 1917 stand er im Feld, wo er gefährliche und leidvolle Szenen miterleben musste. Jahrzehnte später schilderte er dem kleinen Jorge Mario in der Friedlichkeit seines Zuhauses in Buenos Aires diese Kämpfe.

Als Giovanni im August 1919 entlassen wurde, stieß er in Asti zu seiner Frau Rosa und dem Sohn Mario, die zwischenzeitlich dahin gezogen waren. Mario besuchte die Technischen Schulen »Brofferio« und »Da Vinci«, an denen er die Qualifizierung für das Handelsdiplom bzw. das Rechnungswesen ablegte – ein bedeutender Abschluss im faschistischen Italien, wo nur wenige sich ein höheres Studium leisten konnten. Seine

hervorragenden Noten öffneten im die Türen der Banca d'Italia: Dort wurde er Angestellter. Dann, am 1. Februar 1929, kam der Abschied von seiner geliebten Heimat: Giovanni schifft sich auf dem Dampfer Giulio Cesare Richtung Buones Aires ein ...

Von zartestem Alter an begeisterte Jorge sich für die lebhaften und bunten Schilderungen über das Piemont. Es war vor allem Großmutter Rosa, die ihn in diese Welt hineinzog, in eine Welt aus Arbeit und in ein Leben, das von Genügsamkeit und der Bedeutsamkeit alltäglicher Verrichtungen gekennzeichnet war. Sie erzählte ihm vom Brot, das zwei- bis dreimal in der Woche zu Hause gebacken wurde, und von den

Köstlichkeiten, die von alters her zu bestimmten Festen bereitet wurden: Die Nusstorte, die Eiertorte, die Reistorte, die *raviole del plin* (typisch piemontesische Ravioli), die *tajarin* (frische Eiernudeln), die Polenta, die gezuckerten Kastanien, die Äpfel, die kleinen Käse aus Schafs- und Ziegenmilch. Und als erfahrene Köchin zeigte sie ihm auch, wie man die traditionelle *bagna cauda* (siehe Seite 75) zubereitete. Auch wie man den *bunet* kocht, lehrte sie ihn. Das ist ein traditioneller Pudding aus den Langhe und dem unteren Piemont, den man mit dem Dolcetto serviert, einem Rotwein dessen Reben auf den Terrassen von Monferrato angebaut werden.

Die Bilder aus der Heimat seiner Vorfahren, die dem kleinen Jorge Mario von seinen Familienangehörigen in Buenos Aires in kräftigsten Farben ausgemalt wurden, setzten sich unauslöschlich in seinem Herzen fest. Und tatsächlich wird er das Piemont immer wieder besuchen. Im Jahr 2001, als er Erzbischof von Buenos Aires und bereits zum Kardinal ernannt war, bestieg er den Bricco Marmorito, um das Haus zu sehen, in dem sein Urgroßvater Francesco und sein Großvater Giovanni Angelo gelebt hatten. Das Anwesen hatte den Besitzer gewechselt und Bergoglio traf auf den neuen Mieter, Giuseppe Quattrochio, der sich an diesen besonderen Tag erinnerte: »Er kam auf den Bricco. Ich war im Gemüsegarten. Er war in Begleitung seiner Cousins. Auch die Küche wollte er sehen. Er war sehr bewegt.«

Von diesem Besuch existiert ein kurzer Bericht, den der damalige Erzbischof und Primas von Argentinien in einem Brief an seine Cousine Nella Bergoglio Macario verfasste. Diese Cousine lebt in Pradeboni di Peveragno, in der Provinz Cuneo, wo ihre Familie seit über 160 Jahren die »Trattoria della Posta« betreibt. Am 21. August 2001 schreibt *Jorge Mario Kardinal Bergoglio Primas von Argentinien* (so der Briefkopf) unter anderem: »Ich entsinne mich des Bricco Marmurà in Portacamaro. Vielen Dank für diese Erinnerung und für unsere Begegnung. Ich bitte Sie, für mich zu beten und für mich beten zu lassen: Ich habe es nötig.« Auf diesen Berg im Monferrat, in der Sprache des Piemont »Bricco Mamurè« genannt, stieg er ein weiteres Mal – er kam

In Tigliole, einer Gemeinde in der italienischen Provinz Asti, trifft der damalige Erzbischof Bergoglio 1999 entfernte Verwandte. Ein argentinischer Priester begleitet ihn als Sekretär. Quelle: Orsola Appendino, Historikerin und Autorin aus Asti.

im April 2005, als er in Italien weilte, um als Erzbischof von Buenos Aires an dem Konklave teilzunehmen, das zur Wahl von Papst Benedikt XVI. führte. Er wollte einige Stunden zwischen den Hügeln der Provinz Asti verweilen, wollte Verwandte besuchen und den Orten nachspüren, die er schon von Kindheit her kannte, nämlich aus den Geschichten seiner Großeltern und seines Vaters Mario. Wiederum stieg er auf den Bricco Marmorito, um sich in die Stimmung dieser hinter Bäumen leicht verborgenen Heimat seines Großvaters und des Urgroßvaters väterlicherseits zu versetzen. Er schlug das Kreuz. Er verbeugte sich. Vielleicht kniete er nieder. Mit der Hand grub er im Gras der Wiese. Er legte eine kleine Scholle frei, die er mitnahm, nach Argentinien. Beinahe eine rituelle Handlung. So machten und machen es die Emigranten, wenn sie an ihren Ursprungsort zurückkehren. Und so machte es auch Erzbischof Bergoglio. Eine Hand voll Erde: um sich an einen bestimmten Ort zu erinnern, an seine Identität, an seine Zugehörigkeit. Eine Hand voll Erde: um die Mühen und den Schweiß nicht zu vergessen, die den Boden fruchtbar gemacht haben und seine Ernte heilig.

2.

»Wunderschöne, nicht enden wollende« Mahlzeiten an Fest- und Feiertagen

Ein Lebensmittel stellt Franziskus regelmäßig in den Mittelpunkt seiner Reden über das Essen: das Brot. Man könnte argumentieren, dass das für den weltlichen Leiter einer Religion, die dieses »für das menschliche Dasein grundlegende Element« zu ihrem »unverwechselbaren Markenzeichen« erkoren hat, quasi unvermeidbar sei. Es ist für den spirituellen Oberhirten, der täglich das »Vaterunser« spricht, sozusagen selbstverständlich. Er bittet den »Vater« um »unser täglich Brot« – als tatsächliche Nahrungsquelle ebenso wie als symbolische Vorstellung einer transzendenten, von Gott gegebenen Speise. Für den ersten Papst aus dem Jesuitenorden, der von der strengen Schule der »Societas Jesu« – der »Gesellschaft Jesu« – geprägt ist, ist das natürlich elementar. Denn die Tradition der Jesuiten hält auf eine mäßige und genügsame

Ernährung, ausgewiesen eben durch das Brot.

Für Franziskus, den Pontifex »vom Ende der Welt«, den ersten Papst aus Lateinamerika, versinnbildlicht Brot die Speise im Allgemeinen. Es ist der höchste Wert, den man teilen kann – in einer Menschheit, die noch immer Mühe hat, alle ausreichend zu ernähren. Nicht umsonst sprach er am 30. Januar 2015 auf der Audienz für die Leiter des Bauernverbandes in der Sala Clementina des Apostolischen Palastes über die Notwendigkeit, sowohl die Produktion als auch die Verteilung von Nahrungsmitteln »von Grund auf zu überdenken«. Wieder einmal zog er, wie er es gerne tut, die Gebräuche heran, die er in jungen Jahren in seiner Familie in Buenos Aires erlernt hatte.

Er sagte: »›Mit Brot spielt man nicht!‹, lehrten uns unsere Großeltern. Ich weiß es

noch genau: Wenn bei uns Brot zu Boden fiel, brachten sie uns Kindern bei, es aufzuheben, es zu küssen und es wieder auf den Tisch zu legen. Das Brot hat gewissermaßen Teil an der Heiligkeit des menschlichen Lebens und deshalb darf es nicht einfach als eine Ware betrachtet werden.« Mit diesen Worten kam Bergoglio auf seine Lieblingsthemen zu sprechen: auf den Kampf gegen die Verschwendung von Nahrungsmitteln, das Konsumdenken und die Achtung der Umwelt.

Beeindruckend war vor allen Dingen sein Verweis auf die »Lektionen für das Leben«, die er von seinen Eltern und Großeltern gelernt hatte. Für sie waren das Essen und das gemeinschaftliche Teilen der Speisen zentrale Momente im familiären Leben. Im Übrigen war die kulturelle Umwelt, in welcher der kleine Jorge Mario aufwuchs, geprägt von der für die großen italienischen Immigrantengemeinden in Argentinien typischen Lebensweise: Die unternehmerischen Kenntnisse und Fähigkeiten, die sie in ihre neue Heimat mitgebracht hatten, bezogen sich vor allem auf die Verwaltung von Ländereien und die Pflege von Böden.

Giovanni und Rosa Bergoglio hatten gemeinsam mit ihrem Sohn Mario Italien am 1. Februar 1929 verlassen. Vom Hafen von Genua aus hatten sie sich auf dem Dampfer *Giulio Cesare* eingeschifft. 15 Tage später waren sie in Buenos Aires wieder an Land gegangen. Sie wurden zunächst in der Stadt Paraná von Giovannis Brüdern aufgenommen, in der diese ein erfolgreiches Unternehmen im Baugewerbe leiteten. Die weltweite Wirtschaftskrise, die dem Zusammenbruch der Wallstreet

Von oben links im Uhrzeigersinn: Bartolomé Mitre, Präsident von Argentinien; Buenos Aires (etwa 1925); italienische Auswanderer, die sich in Genua Richtung Argentinien einschiffen, 1930.

Es war eine Epoche, in der viele italienische Emigranten, die sich nach und nach auf argentinischem Boden eingerichtet hatten, in die Hauptstadt Buenos Aires zogen.

am 24. Oktober 1929 folgte, stürzte Argentinien wirtschaftlich ins Chaos. Sie traf auch die Bergoglios: Binnen Kurzem standen sie auf der Straße. »Sie haben alles verloren«, erinnerte sich Papst Franziskus (Cagliari, 22. September 2013). Die Großeltern und der Vater des späteren Pontifex gingen zurück nach Buenos Aires und fingen wieder bei null an.

Zu jener Zeit übersiedelten jede Menge Italiener in die Stadt: Emigranten, die sich bis dahin eigentlich in der argentinischen Provinz eingerichtet hatten. Sie hatten vor allem Beschäftigung im primären Sektor gefunden, dem Teil der Wirtschaft also, der sich mit der Produktion von Rohstoffen befasst: Land- und Forstwirtschaft, Fischerei, Bergbau. Seit Jahrzehnten hatten sie sich in das soziale und wirtschaftliche Umfeld Argentiniens integriert und hatten viele

wichtige Positionen dort besetzt, wo der italienische Arbeiter traditionellerweise als kreativ und fleißig anerkannt ist – in der Agrar- und Lebensmittelwirtschaft sowie im Gastgewerbe. Neben der Erzeugung von Lebensmitteln widmeten sie sich erfolgreich deren Vertrieb: Sie waren vor allem im Handel und in der Verwaltung der Haziendas beschäftigt. Die Chroniken berichten, dass sie durch ihre profunden Kenntnisse, aber auch »durch ihre Physis, ihre Sprache und ihre vornehmlich ländliche Herkunft auffielen«.

Die Italiener – die häufig mit dem Spitznamen »Tanos« belegt wurden, eine Verkürzung von »Italianos« – trugen viel zur Entwicklung des Landes bei. Aus der Geschichte haften geblieben sind die folgenden Sätze des ersten Präsidenten der Republik Argentinien, Bartolomé Mitre, der

Die Esskultur des Mittelmeers und »Made in Italy« prägten die Küste von La Plata und weite Teile von Argentiniens Hinterland.

von 1862 bis 1868 regierte. Mitre verlautbarte 1870: »Wer sind diejenigen, die die zehn Meilen Umland rund um Buenos Aires kultiviert haben? Wem schulden wir diese grünen Gürtel, die alle unsere Städte längs der Küste umgeben? Und wem die Oasen aus Weizen- und Maisfeldern, Kartoffeläckern sowie die Bäume, die die Eintönigkeit der wüsten Pampa durchbrechen? Den italienischen Bauern aus der Lombardei, dem Piemont, aus Neapel und generell aus Süditalien, auch den Lukaniern, den fähigsten und fleißigsten Landwirten Europas.«

Auf diese Weise konnte sich die grün-weiß-rote Agrikultur in der Neuen Welt ausbreiten. Sie profitierte enorm von der sogenannten Schwalben-Emigration, einem saisonalen auf und ab: »Wenn in Italien Winter ist, herrscht in Argentinien Sommer: Unsere Bauern fahren nach Hause, ernten dort das Korn und kommen wieder zurück ...« Auch die Auswanderer aus Asti brachten ihren Arbeitswillen mit nach

Argentinien – und dazu all die Fertigkeiten, mit denen sie bereits die Böden des Monferrat erfolgreich beackert hatten. Sie exportierten ein landwirtschaftliches Modell, das die Entwicklung der Agrar- und Weinkultur in den Provinzen von Mendoza und San Juan befeuerte.

Als Experten im Weinbau waren die Italiener besonders gefragt. Sie verließen ihre Heimat mit Stecklingen von Reben, die sie in ausgehöhlte Kartoffeln gesetzt hatten, wo sie im Dunkeln Nahrung aufnahmen und geschützt waren. Mit der Zeit spiegelte Buenos Aires die vielfältigen und schwungvollen unternehmerischen Ideen der Italiener. Es reicht zu wissen, dass sie im Handel nahezu jeden Bereich besetzten. Sie besaßen Mühlen, in denen sie Getreide mahlten, Bäckereien und Nudelfabriken. Sie stellten Olivenöl allererster Güte her. Sie produzierten Liköre. Beim Anbau von Reis hatten sie praktisch keine Konkurrenz, desgleichen bei der Fluss- und der Meeresfischerei. Brot, Nudeln, Öl, Obst und Gemü-

María Elena, die
Schwester von
Jorge Mario,
schildert, wie beim
Austeilen der Pasta
die Schönheit des
Zusammenseins in
der Familie
spürbar war.

se, Fisch ... die mediterrane Küche und
»Made in Italy« setzten sich an der Küste von
La Plata und in weiten Gebieten der Pampas
und des Gran Chaco durch.

Mit dem stattlichen Strom von Italienern,
die nach Argentinien auswanderten, »um ihr
Glück zu machen« und ihre Hoffnung auf
eine bessere Zukunft zu leben, ist auch die
Geschichte von Jorge Maria Bergoglio, einem
Vertreter der zweiten Generation der
Immigranten, verknüpft. Er kam am 17.
Dezember 1936 in Buenos Aires im Viertel
San José de Flores auf die Welt. Dorthin
waren seine Eltern – Mario und Regina
María Sívori – nach ihrer Hochzeit ein
knappes Jahr zuvor gezogen. Getauft wurde
das Kind am Weihnachtstag vom Salesianer-Pater Enrique Pozzoli, der aus Senna
Lodigiana in der Provinz Lodi stammte, und
zwar in der *Basílica María Auxiliadora y San
Carlos* – der »hilfreichen« Madonna geweiht
– im Quartier Almagro. Mit der Zeit entwi-
ckelten sich die Bergoglios zu einer vielköp-
figen Familie. Nach Jorge Mario kam Oscar

Adrian zur Welt, gefolgt von Marta Regina,
Alberto Horacio und María Elena. Das
familiäre Klima und die Atmosphäre in
ihrem Haus in der Calle Membrillar finden in
den lebhaften Erinnerungen von Franziskus'
jüngster Schwester ihr Echo. María Elena
lebt als einzige seiner Geschwister noch. Am
Tag nach der Wahl ihres Bruders zum Papst
schilderte sie den Chronisten, wie sich rund
um den Esstisch und beim Verteilen der
Pasta die Schönheit des »Beisammenseins
als Familie« entfaltete. Sie erinnerte sich,

dass das Haus im *barrio Flores* von den Eltern »wegen seiner riesigen Küche« gekauft wurde, denn die »wussten einfach nicht mehr wohin mit ihren fünf Kindern«.

Der tödliche Infarkt von Papa Mario fiel ihr ein: »Bis dato, es war 1959, waren wir eine glückliche Familie gewesen und vor allem eine italienische Familie.« Ein Satz, der sich als eine ganz bestimmte Art, das Leben zu gestalten, lesen lässt.

»Der Sonntag war heilig: Zuerst gingen wir zur Messe in die Kirche San José und dann saßen wir bis spät am Nachmittag beim Essen. Was für großartige, nicht enden wollende Mahlzeiten mit fünf, sechs oder sogar sieben Gängen. Dazu noch die Nachspeisen. Wir waren arm, aber wir waren es in Würde und wir hielten immer auf die italienische Tradition.«

So bieten María Elenas Erinnerungen interessante Anhaltspunkte, um den Kontext zu begreifen, vor dem sich die kulinarische Zukunft des Papstes entwickelte. »Mama war eine ausgezeichnete Köchin. Frische Pasta selbst zubereitet war ihr A und O: ihre *Cappelletti mit Ragú*, das *Risotto Piemontese* und ihr im Ofen gegrilltes Hähnchen, nach dem wir uns die Lippen leckten ... Sie berichtete immer, dass sie nicht einmal ein Spiegelei braten konnte, als sie Papa heiratete. Aber dann hatte Großmutter Rosa, die als Antifaschistin 1929 aus dem Piemont geflohen war, ihr alles beigebracht.

Nonna Rosa war eine Heldin für uns, eine überaus mutige Frau. Ich werde nie vergessen, wie sie uns erzählte, dass sie zu Hause in Italien in der Kirche die Kanzel erklomm,

Risotto alla Piemontese

Zutaten für 4 Personen:
1 l Gemüsebrühe, selbstgemacht ▪ 1 Zwiebel ▪ 40 g Butter ▪ 250 g Rundkornreis, am besten Carnaroli ▪ ½ Glas trockener Weißwein ▪ 4 EL Parmesan, Parmigiano Reggiano, frisch gerieben ▪ 1 Zweig frischer Rosmarin ▪ schwarzer Pfeffer

Bringen Sie die Gemüsebrühe zum Kochen.

In der Zwischenzeit schälen Sie die Zwiebel und schneiden sie in sehr feine Würfel. Geben Sie ein nussgroßes Stück Butter (20 g) in einen weiten, schweren Topf und dünsten Sie die Zwiebelwürfel darin an. Wenn sie glasig werden, geben Sie den Reis dazu und rösten ihn etwa 2 Minuten mit. Vergessen Sie nicht, das Ganze mit einem Holzlöffel ständig gut umzurühren, damit der Reis gleichmäßig Hitze annimmt und nicht anbrennt.

Sobald auch die Reiskörner leicht glasig sind und zu duften beginnen, löschen Sie den Topfinhalt mit dem Weißwein ab und kochen ihn unter Rühren auf etwa ein Viertel ein. Nun reduzieren Sie die Hitze und fügen nach und nach die heiße Brühe zu. Unter stetigem Rühren geben Sie jeweils nur soviel Flüssigkeit in den Topf, dass der Risotto leise weiterköchelt und nicht trocken wird. Er sollte immer leicht von Brühe bedeckt sein.

Nach etwa 15–20 Minuten probieren Sie den Risotto. Der Reis sollte jetzt gar sein, seine Körner weich, aber noch bissfest, und die Masse dickflüssig cremig. Ziehen Sie den Topf vom Herd und rühren Sie die restliche Butter sowie den Parmesan hinein. Das Ganze noch kurz ziehen lassen und heiß auf vorgewärmten Tellern servieren. Wer will, streut ein paar kleingezupfte Rosmarinnadeln und schwarzen Pfeffer darüber.

Spaghetti
con le polpette

Spaghetti mit Fleischbällchen: Ein schnelles und einfaches Rezept, das sich gut als Vorspeise eignet, aber auch als vollständige Mahlzeit durchgehen kann. Dieses Basisrezept bietet viel Spielraum: Sie können für die Klößchen beispielsweise andere Fleischsorten verwenden und mit gehackter Petersilie oder gehacktem Knoblauch geschmacklich variieren.

Zutaten für 4 Personen
200 g mageres Rinderhack ▪ 20 g in Milch eingeweichte Weißbrotwürfel ohne Kruste
5 EL Parmesan, Parmigiano Reggiano, frisch gerieben ▪ 1 Ei ▪ 1 Prise gemahlener Fenchelsamen ▪ Salz und Pfeffer ▪ Semmelbrösel
1 EL Olivenöl ▪ 500 ml Tomatensauce
350 g Spaghetti ▪ Salz

Verkneten Sie das Rinderhack mit dem eingeweichten Brot, 1 EL Parmesan, dem Ei und den Gewürzen. Formen Sie die Masse zu kirschgroßen Bällchen, die Sie in Semmelbröseln wenden und dann eine halbe Stunde ruhen lassen.

Danach erhitzen Sie das Öl in einer Pfanne und braten die Fleischbällchen bei hoher Hitze 2–3 Minuten an. Reduzieren Sie die Hitze und fügen Sie die Tomatensauce hinzu. Lassen Sie das Ganze etwa 10 Minuten köcheln.

In der Zwischenzeit kochen Sie die Spaghetti in reichlich Salzwasser al dente. Geben Sie die Pasta tropfnass zu der Sauce in der Pfanne und vermengen Sie alles sorgfältig. Richten Sie die Pasta auf vorgewärmten Tellern an, streuen eine Handvoll Parmesan darüber und bringen sie heiß zu Tisch.

um von dort lauthals die Diktatur, Mussolini und den Faschismus zu verdammen.«

Die piemontesische Kochtradition von Großmutter Rosa und das von Mama Regina María ererbte Talent am Herd waren die Grundlagen, auf denen der junge Jorge Mario einen untrüglichen Sinn für Esskultur entwickelte. María Elena betont, dass die Zutaten für die Küche der Immigranten nach einer wichtigen Grundregel ausgewählt wurden: Nichts durfte weggeworfen werden. »Ja sicher waren wir arm, arm aber würdevoll. Bei uns wurde nichts weggeworfen ... Vielleicht stammt daher die extreme Genügsamkeit, die meinem Bruder und mir eigen ist. Andererseits durfte unsere Mutter nie zweimal dasselbe auf den Tisch bringen. Papa wäre beleidigt gewesen. Also erfand sie mit allem, was übrig geblieben war, neue Gerichte oder variierte alte Rezepte.«

Anders gesagt: Das Kochen war für Mutter Bergoglio eine kulinarische Wissenschaft mit exakter Methodik. Ein sprechendes Beispiel dafür sind die Spaghetti mit Fleischklößchen, die auf den Esstischen der umfangreichen italienischen Gemeinde quasi omnipräsent waren. Alle Mütter hatten die Fähigkeit, das, was Tags zuvor übrig geblieben war, mit Fantasie wiederzuverwerten. Wahrscheinlich, um es mit Bergoglios Worten zu sagen, weil man »mit Essen nicht scherzt«. Diese Kultur im Umgang mit Lebensmitteln formte die Überzeugungen und Taten des späteren Papstes – und zwar so weitgehend, dass er auch heute noch gern Ratschläge zur Resteverwertung gibt. Es wird erzählt, dass er bei einem seiner Besuche in der für das vatikanische Gästehaus zuständigen Küche die Köche bat: »Schütten Sie das Kochwasser vom Spargel nicht weg. Ich trinke es gerne: Es ist gut und es tut gut. Nicht vergessen!«

Schritt für Schritt erlernte er die verschiedenen Kochtechniken durch seine Hilfe bei der Vorbereitung der Mahlzeiten. María Elena betont, dass Jorge Mario sie immer sowohl an Nonna Rosa als auch an ihre Mutter Regina María erinnert, wenn es um kulinarisches Feingefühl und Leidenschaft für das Essen geht. Beide Frauen waren unvergleichliche Köchinnen, die ihrem Bruder eine außerordentliche Lektion fürs Leben mitgaben: wie man den Herd bedient, wie man die Zutaten auswählt und vorbereitet, wie man einzelne Speisen zubereitet. Und wie dabei alles im Gleichgewicht sein muss. Freude, Harmonie, Kreativität – nichts anderes zeichnet die Gerichte großer Chefköche aus.

Schon als kleines Kind beobachtete er Mutter und Großmutter, wie sie Zutaten abmaßen, mischten und kneteten, wie sie Obst und Gemüse schnitten, kochten und schließlich fertige Gerichte auf den Tisch stellten: Schüsseln, denen Wolken aus Düften entstiegen – das Signal für einen festlichen Tag, an dem alle zusammenkommen, die Genüsse am Tisch teilen, plaudern, sich in die Augen sehen und freudig die mit Sorgfalt und Liebe zubereiteten guten Gaben Gottes kosten und genießen. Für die Bergoglios »waren die Mahlzeiten besondere Momente für die Familie. Besonders an Sonntagen, wenn sie sich bisweilen bis in die Morgendämmerung hinzogen.« So

... Freude, Harmonie, Kreativität – nichts anderes sind die Grundlagen wirklich guter Küche.

notiert es die argentinische Journalistin und Schriftstellerin Evangelina Himitian, eine langjährige Freundin der Eltern des Papstes.

Später verlangten es die Umstände, dass der junge Bergoglio sich vom Beobachter und Handlanger zum Verantwortlichen am Herd wandelte. Seine Mutter Regina war nach der Geburt von María Elena gelähmt. Sie war bettlägerig und beinahe komplett bewegungsunfähig. Also musste sie ihre Kinder in die Pflicht nehmen, allen voran

Die mütterliche Familie von Jorge Mario Bergoglio. Oben von links nach rechts stehend: Der Onkel Oscar Adrian Sívori, daneben die Mutter Regina María Sívori und die Tante Catalina Ester Sívori de Picchi. Vorne sitzend: Der Onkel Vicente Francisco Sívori, Großvater Francisco Sívori Sturla, Großmutter Maria de Gogna Sívori und der Onkel Juan Luis Sívori

Jorge Mario, ihren Ältesten. Ihm übertrug sie die Zubereitung der Mahlzeiten. Sobald er aus der Schule kam, musste er sich, dirigiert von seiner Mutter, ans Werk machen.

Schritt für Schritt gab sie ihm vor, wie das jeweilige Gericht zuzubereiten war. Sie brachte ihm bei, sich sämtliche Zutaten fertig vorbereitet in Reichweite zu stellen ... und los ging das Kochen, das Experimentieren mit Rezepten, das Ausprobieren, das kulinarische Spiel. Ein wahrhaftes Vergnügen nicht nur für Jorge Mario, sondern auch für den Rest der Familie, wie María Elena erzählt: »Wir liebten es zu kochen. Noch heute kochen wir gemeinsam, wenn wir uns sehen. Mein Bruder kocht hervorragend. Seine gefüllten Calamari schmecken umwerfend und er liebt Risotto.«

Vielleicht war es diese Begabung für das Kochen, die den 17-jährigen 1952 bei der Wahl seiner Weiterbildung dazu bewog, sich für eine Ausbildung zum Lebensmittelchemiker am *Istituto industriale Enet Hipólito Yrigoyen* zu entscheiden. Das Institut gehörte zur *Escuela Técnica Nº 27* im Stadtviertel *Villa Real* und war eine typische *scuola dei mestieri* – eine handwerklich orientierte Fachschule –, gegründet 1948 und nach einem Präsidenten der Republik Argentinien benannt. Die Entscheidung, sich an der *Yrigoyen* einzuschreiben, wurde maßgeblich von Papa Mario beeinflusst. Dieser war seit 1950 Mitglied in der *Asociación Cooperadora*, einem Verein, der die Aktivitäten dieses technischen Instituts förderte. Offenbar war Mario von der Gewandtheit, mit der Jorgito sich zwischen Töpfen und Pfannen bewegte,

Calamari ripieni

Zutaten für 4 Personen
4 Calamari (etwa 500 g) ▪ 5 EL Olivenöl
1 Peperoncino ▪ 1 Knoblauchzehe, ungeschält ▪ Salz, Pfeffer ▪ 100 g Weißbrotwürfel ohne Kruste ▪ 1 Ei ▪ 1 EL Parmesan, Parmigiano Reggiano, frisch gerieben ▪ 1 EL Petersilie, gehackt ▪ Weißwein oder Wasser zum Ablöschen

Nehmen Sie die Tintenfische aus und waschen Sie sie gründlich. Die Tuben tupfen Sie trocken und legen sie beiseite, die Tentakel schneiden Sie in kleine Stückchen. (Sie können natürlich auch den Fischhändler Ihres Vertrauens darum bitten, die Calamari für Sie auszuweiden).

Geben Sie 2 EL Olivenöl, die Peperoncino-Schote und die Knoblauchzehe in eine Pfanne und erhitzen Sie diese, bis die Aromaten duften. Anschließend herausnehmen und die Tentakelstückchen im aromatisierten Öl etwa 5 Minuten braten. Salzen, pfeffern, aus der Pfanne nehmen und beiseite stellen.

In derselben Pfanne rösten Sie jetzt die Brotwürfel an. Evtl. noch etwas Öl zugeben. Die Brotwürfel mischen Sie nun mit den Tentakelstückchen, dem Ei, dem Parmesan und der Petersilie und schmecken mit Salz und Pfeffer ab. Füllen Sie damit die Calamari-Tuben etwa bis zur Hälfte und verschließen diese mit Zahnstochern.

Wischen Sie die restlichen Brotbröselchen mit einem Küchentuch aus der zuvor verwendete Pfanne und erhitzen darin das restlich Öl. Braten Sie darin die Calamari rundum goldbraun an, bevor Sie sie mit Wasser oder Weißwein ablöschen. Nun reduzieren Sie die Hitze, decken Sie die Pfanne ab und köcheln die Calamari etwa 20 Minuten.

Richten Sie die Calamari auf vorgewärmten Tellern an und servieren sie mit etwas frisch gehackter Petersilie bestreut.

Der Vater dachte, dass die neu eingerichtete Abteilung für die Ausbildung von Lebensmittelchemikern perfekt zum Wesen seines Erstgeborenen passe.

nachhaltig beeindruckt. Er dachte, die neuerdings angebotene Ausbildung zum Lebensmittelchemiker passe hervorragend zur Wesensart seines Ältesten, auch im Hinblick auf einen sicheren Arbeitsplatz. Außerdem waren Landwirtschaft und Ernährung große Themen im Entwicklungsprogramm, das zu dieser Zeit von Präsident Juan Domingo Perón angekurbelt wurde. Sein Traum von einem modernen Argentinien auf der Höhe der Zeit hatte das ganze Land angesteckt. Zusammen mit seiner Frau Evita, die bei dem von der bisherigen Scheindemokratie traumatisierten Volk schon bald zum Mythos werden sollte, hatte er die Herzen der Argentinier erobert: Sie sollten nicht mehr weinen, sondern froh sein.

Jorge Mario besuchte die *Yrigoyen* mit Leidenschaft und Fleiß. Noch dachte er nicht an eine Priesterlaufbahn, auch wenn er im Jahr zuvor auf dem von Salesianern geleiteten Internat Wilfrid Barón im Dorf Ramos Mejía »zum ersten Mal eine religiöse Bestimmung« gefühlt hatte. Er zeigte sich überaus erfolgreich in den verschiedenen Fächern seiner Ausbildung, aber auch im Labor zwischen Öfen, Destillierkolben und Schalen aus Glaskeramik. Er kam auch dem Rat seines Vaters nach, sich neben der *Yrigoyen* eine Arbeit zu suchen. Weniger um die Familie finanziell zu unterstützen – »uns blieb nie etwas übrig, aber es fehlte uns auch an nichts«, erwähnte Erzbischof Bergoglio einmal –, sondern weil die Anforderungen

einer Erwerbsarbeit seinen Horizont erweitern sollten. Und weil man sich eben alles mit Opfern und Fleiß erobern muss. Jorge Mario fand eine Arbeit als Putzkraft, zuerst in einem Blumengeschäft, dann in einer Strumpffabrik. Danach wurde ihm eine Stelle im Labor von »Hickethier und Bachmann« angeboten. Er nahm sie an und unterwarf sich einem strapaziösen Lebensrhythmus: Von sieben Uhr morgens bis ein Uhr mittags arbeitete er im Labor. Danach ging er bis zum Abend zum Studium ins Technische Institut. Zu Hause lernte er dann noch weiter. Er arbeitete bis zur Erschöpfung – vielleicht die Ursache dafür, dass er die Nahrungsmitteltheorien einfach nicht behalten konnte ... Nur an Sonntagen

machte er etwas Pause, um mit Freunden zum Tango zu gehen, denn wer nicht Tango tanzen kann, ist einfach kein Argentinier.

Das Labor »Hickethier und Bachmann« war auf die Analyse von Fetten, Wasser und anderen Nahrungsmitteln spezialisiert. Der Student Bergoglio arbeitete in der für die Lebensmittelanalyse zuständigen Abteilung und unterzog die von den Haziendas eingesandten Proben chemischen Kontrollen, u. a. mit Brom. Das, was er am Vortag in

der Aula gehört hatte, wandte er anderntags im Labor konkret an. Neugierig vertiefte er sich in diesen Jahren in die Gegebenheiten der ebenso komplexen wie faszinierenden Lebensmittelchemie. Er klassifizierte Nährstoffe und schädliche Substanzen, erforschte die Inhaltsstoffe von Lebensmitteln und trug sorgfältig in Tabellen ein, wie viel Wasser, Kohlenhydrate, Fette, Proteine und Ballaststoffe sie enthielten. Er extrahierte ihre Mineralstoffe, Natrium, Chlor, Kalium, Magnesium, Kalzium, Phosphor etc. Er listete Vitamine und Enzyme auf. Er kontrollierte, wie sie sich durch Hitzeeinwirkung veränderten, durch Hydrolyse, durch Fermentierung und andere Methoden. Er untersuchte ihre Verarbeitung: Konservierung, Pasteurisierung, Säuerung, Kühlung, Einfrieren …

Alles nach Maßgaben und unter der Leitung einer »großen Dame, einer wirklich außergewöhnlichen Chefin«. So titulierte Bergoglio Esther Ballestrino de Careaga,

Ja, »mit dem Essen spielt man nicht!«
Wichtige Worte von einem Papst, der sich in
der Lebensmittelchemie bestens auskennt,
weil er sie von Grund auf gelernt hat – in
einem Zentrum für chemische Analyse
unter der Leitung »einer großartigen Frau«.

Doktorin der Biochemie und Pharmazie, die Leiterin des Labors. Sie gehört zu den Figuren, die im Leben des späteren Papstes großes Gewicht haben sollten. Geboren in Paraguay, verfolgt von der Diktatur ihres Heimatlandes, war sie nach Buenos Aires geflohen. Sie weihte den jungen Bergoglio in die »Kultur des Labors« ein, wo Präzision und exaktes Arbeiten gefragt sind, wenn man zu zuverlässigen Resultaten kommen will. Sie ließ Jorge Mario die Analysen und Dosierungen beharrlich wiederholen, denn »man muss seine Sache gründlich machen«.

In den 1970er-Jahren wurde Esther von den Schergen der Militärdiktatur entführt. In einem Geheimversteck wurde sie gefoltert und dann auf einem der berüchtigten »Flüge in den Tod« in den Atlantik geworfen. Von ihr bleibt eine außerordentliche Erinnerung, die eines jungen Mannes, der später Papst werden sollte. Ein Student, den sie in der Chemie der Lebensmittel unterwies und in der Chemie des Lebens.

Ja, »mit dem Essen spielt man nicht!« Wichtige Worte von einem Papst, der sich in der Lebensmittelchemie bestens auskennt, weil er sie von der Pike auf gelernt hat – in einem Zentrum für lebensmittelchemische Analyse unter der Leitung »einer großartigen Frau«.

3.

... und am Sonntag Küchenchef des Colegio Máximo de San José in San Miguel

Bringt man seinen Eltern vor einem Teller voller Konfekt, den *Pasticcini*, bei, dass man Priester werden will? Während der Duft eines *caffè italiano* und einer heißen Schokolade in der Luft liegt? Erzählt man ihnen zwischen Pralinen und *Alfajores*, argentinischen Süßigkeiten, dass eine so geheimnisvolle wie mächtige »Stimme« aus dem eigenen Herzen zu einem spricht und nach einer Antwort verlangt?

In der entspannten und ruhigen Atmosphäre einer alten Konditorei in Buenos Aires vollzieht sich einer der wichtigsten Schritte im Leben des jungen Jorge Mario Bergoglio: Er würde nicht, sagt er, die medizinische Fakultät besuchen – wie seine Mutter es sich erhofft hatte –, sondern er würde in das *Seminario Metropolitano* der Erzdiözese Buenos Aires eintreten. Bergoglio selbst hat die Emotionen dieses Moments im

Jahr 1990 in einem Brief an den Salesianer-Pater Cayetano Bruno geschildert:

»Ich erinnere mich noch genau an diese Szene. Es war der 12. Dezember 1955. Papa und Mama feierten ihren zwanzigsten Hochzeitstag. Ihr Fest begann mit einer Messe ...«. Dieser Gottesdienst fand in der Kirche von San José de Flores statt. Nur »meine Eltern und wir fünf Kinder waren anwesend. Als die Messe vorbei war, lud Papa uns zum Frühstück in die Konditorei ›La Perla de Flores‹ ein.« Sie lag »zwischen der Rivera Indarte und Rivadavia, halb abgeschottet von der Basilika ...«.

Auch der Salesianer-Pater Enrique Pozzoli, ein langjähriger Freund der Familie, war anwesend – eine entscheidende Person an diesem 12. Dezember, die Vater Mario und Mutter Regina María dazu verhalf, die entscheidende Wende im Leben des frisch

diplomierten Lebensmittelchemikers zu akzeptieren. Padre Enrique war der Familie Bergoglio immer sehr nahe gestanden. Er war jedes Jahr öfter ins Haus der Großeltern mütterlicherseits geladen. Auf jeden Fall kam er immer an seinem Namenstag zum Mittagessen, »und dort trafen wir uns alle, um ihn zu feiern – mit Ravioli«. So hält es die Korrespondenz mit Padre Cayetano fest. Die Stimmung in der Konditorei »La Perla de Flores« schuf, zusammen mit der Anwesenheit des Freundes Don Enrique, den idealen Boden, um die Eltern Bergoglio auf eine Neuigkeit vorzubereiten, die fürs Erste nicht leicht zu akzeptieren war. Der spätere Papst berichtet, dass er seine Ankündigung etwa »nach der Hälfte des Frühstücks« vorbrachte. Padre Enrique meinte, »dass es gut sei, auf die Universität zu gehen, denn die Dinge würden ohnehin ihren Lauf so nehmen, wie es Gott gefalle ...«. Er begann »verschiedene Erlebnisse religiöser Bestimmung zu schildern, beispielsweise seine eigene. Wie man ihm vorschlug, Priester zu werden und wie er das Gefühl hatte, es werde »ihm etwas geschenkt, womit er nicht gerechnet hatte ...«.

Der Padre hatte die Augen auf die Eltern geheftet, aber »er erwartete keine Entscheidung von ihnen ...«. Mario und Regina María verstanden auch so. Sie wussten, dass ihr Sohn reif genug war, selbst eine Wahl zu treffen, dass es nicht an ihnen war, sich dem entgegenzustellen. Bergoglio schreibt: »Meinen Eltern schmolz das Herz.« Schweigend einigten sie sich, ihn gewähren zu lassen. »Und der Rest fügte sich von selbst ...«

Nun erwies es sich als vorteilhaft, dass man in der *confiteria* im Zentrum von San José de Flores saß: eine von der täglichen Routine losgelöste Umgebung, ohne die häuslichen Hintergrundgeräusche, die diese bedeutende Mitteilung hätten beeinträchtigen können. Noch heute verzeichnen alte Stadtpläne und Stadtführer von Buenos Aires »La Perla de Flores« als eine »traditionsreiche Konditorei, die bevorzugt von Familien des Quartiers besucht wird«. Auf alten Fotos ist sie als eines der vielen faszinierenden Cafés von Buenos Aires festgehalten: Orte zum Träumen, Orte, wo Freundschaften geschlossen werden, wo Beziehungen ihren Anfang nehmen, Liebesgeschichten oder Ränke gesponnen werden … In einer derartigen Umgebung, musste es auch dem fast 19-jährigen Jorge Mario leicht fallen, Ängste und Befangenheit zu überwinden. Hier waren die Eltern gezwungen, ihm zuzuhören. Eine Berufung, die bei Tisch verkündet wurde – oder besser zwischen den Tischchen eines Cafés …

Es war nicht das erste Mal, dass ein Café in der Geschichte der Bergoglios seine Rolle zu spielen hatte: Wie aus den kürzlich gefundenen Handelsregistern hervorgeht, hatten die Großeltern Rosa und Giovanni, bevor sie nach Argentinien auswanderten, in Asti eine Cafeteria und eine Konditorei betrieben.

Natürlich machte Regina María keine Freudensprünge. Sie hatte sich für ihren Sohn eine andere Karriere erträumt. Mario hingegen ließ die Ereignisse ihren Lauf nehmen. Nicht im Traum hätte er erwogen,

Alfajores

Zutaten
100 g gesalzene Butter ▪ 200 g Mehl (Type 405), ▪ 100 g Maisstärke ▪ 75 g Puderzucker 1 Ei + 1 Eigelb ▪ 1 Portion *dulce de leche*, siehe S. 114 ▪ 50 g Kokosraspel

Nehmen Sie die Butter ca. 1 Stunde vorher aus dem Kühlschrank und schneiden diese in Würfel, damit sie für die Verarbeitung weich ist.

Dann sieben Sie Mehl, Maisstärke und Puderzucker in eine große Schüssel, fügen dann die Butter, das Ei und das Eigelb dazu und kneten das Ganze rasch zu einem weichen Teig. Sollte er zu fest werden, geben Sie ein paar Tropfen Milch hinzu. Lassen Sie den Teig eine Viertelstunde ruhen und teilen Sie ihn dann in vier gleich große Portionen.

In der Zwischenzeit heizen Sie den Backofen auf 180 °C vor und belegen ein Backblech mit Backpapier.

Streuen Sie eine Handvoll Mehl auf ein Backbrett und rollen Sie den Teig etwa 3 mm dick aus. Stechen Sie runde Plätzchen aus und verteilen Sie diese auf dem Backpapier. Backen Sie die Kekse bis sie goldbraun sind, was etwa 15 Minuten dauert. Danach lassen Sie sie abkühlen und einige Stunden ruhen.

Geben Sie etwas *dulce de leche* (Zubereitung siehe S. 114) auf ein Plätzchen und decken ein anderes darüber, als wäre es ein panino, ein belegtes Brötchen.

Noch schmackhafter werden die Alfajores, wenn man sie in Kokosraspeln wendet.

»Als Sie klein waren, was wollten Sie da später werden?«
»Ich sage es dir, aber nicht lachen, ja? Metzger wollte ich werden.«

dass sein Erstgeborener zum Talar greifen würde. Er konnte sich Jorge gut als Arzt vorstellen oder eben als Chemiker. Doch Jorgito hatte ihm, als er noch klein war, bereits gesagt, dass er etwas völlig anderes werden wolle. Aber was? Der Papst erzählte es in aller Öffentlichkeit an einem Sonntag im Februar 2017, als er eine römische Gemeinde in Ponte di Nona besuchte. Ein kleiner Junge hatte ihn gefragt: »Was wollten Sie eigentlich werden, als Sie klein waren?« Franziskus erwiderte: »Aber nicht lachen, wenn ich es dir sage, ja? Ich wollte Metzger werden.« Und er fuhr fort: »Wenn ich mit meiner Großmutter auf den Markt ging, sah ich, wie der Metzger das Fleisch in Stücke schnitt und da dachte ich mir: ›Wie großartig er das macht, dieser Mann! Wenn ich einmal groß bin, werde ich auch Metzger.‹«

Wieder ein Blick in seine familiäre Vergangenheit, zurück zu den alltäglichen Dingen des Lebens, mit dieser deutlichen Aufmerksamkeit für die Nahrung und alle Phasen ihrer Vorbereitung. Dabei tritt eine Vision zutage, nämlich die Ernährung als vitaler Teil des Daseins, der weit über die bloße Nahrungsaufnahme hinausgeht. Sich nähren, hat jemand einmal gesagt, sei »sich ein Gebiet einverleiben«. Es ist eine Kultur. Es ist ein »geistiges Kapital«. Und es ist vermutlich kein Zufall, dass im Lateinischem »sàpere« so viel wie »kosten, genießen« bedeutet, das italienische »sapere« ohne Akzent jedoch so viel wie »wissen, können, beherrschen«. Möglicherweise kommt die »sapienza«, die »Weisheit« bzw. »das Wissen« vom selben Wort und enthält also die selbe ethische Dimension wie die Ernährung: die Erfahrung des Teilens, des Beieinanderseins, des Mitteilens von Ideen, von Geschichte. »Il sapore«, im Italienischen »der Geschmack«, und »il sapere«, »das Wissen«, liegen klanglich eng beieinander. Solche Grundgedanken prägten den jungen

Lebensmittelchemiker. Er wird sie auch auf dem langen Weg in der Societas Jesu – in die er als Novize im März 1958 eintritt – mit sich tragen, während seiner Priesterschaft, als Jesuit, als Dozent, als Rektor des Kollegs, als Leiter der argentinischen Jesuiten, bis hin ins hohe kirchliche Amt als Vertreter des Bischofs sowie als höchster Kardinal von Argentinien.

In der Gemeinschaft der Jesuiten werden – wie in anderen religiösen Orden – die Mahlzeiten als Momente der Reflektion und Meditation betrachtet. Man nahm sie in tiefstem Schweigen ein, während ein Novize laut eine Seite aus der Heiligen Schrift oder aus einem erbaulichen Traktat vorlas. Zu den Pflichten der Novizen gehörte es auch, bei Tisch zu servieren, nach den Mahlzeiten abzudecken und den Abwasch zu machen. Das sollte sie formen: Es nährte, vor allem bei den Neulingen, die positive Einstellung zur Beteiligung am gemeinschaftlichen Leben, das einerseits die Aufteilung der Aufgaben erfordert, andererseits die Gemeinschaft zusammenwachsen lässt, weil alle Pflichten und alle Verantwortung letztlich gemeinsam getragen werden. Eine »Disziplin«, die ihre Zeichen im Charakter des jungen Bergoglio hinterlassen wird.

In der Tat wird berichtet, dass später Bischof Bergoglio, wenn die Ordensschwestern ihm »mittags und abends einfachste Mahlzeiten« zubereiteten, sie selbst an den Tisch trug, zusammen mit dem Salzstreuer, der Ölflasche und einem halben Glas Wein. Und nach dem Essen räumte er den Tisch ab und wusch das Geschirr, bevor er sich

In der Societas Jesu waren die Mahlzeiten der Reflektion und Meditation gewidmet.

wieder an seine bischöflichen Pflichten machte. Häufig kam es auch vor, dass er selbst kochte und womöglich Gäste zum Essen lud, wie wir noch sehen werden. Tatsächlich verlor er nie die Lust daran, gemeinsam mit anderen zu speisen, sich persönlich um die Zubereitung der Gerichte zu kümmern, die Läden und Geschäfte rund um die Plaza de Mayo aufzusuchen.

Unverzichtbar waren zum Beispiel seine morgendlichen Gänge auf einen *cafecito*, wie man den Espresso in Buenos Aires nennt: eine Gelegenheit, um Menschen zu treffen, mit ihnen zu plaudern, ein besonderes Merkmal seiner Seelsorge *de la calle* – ein Evangelium, das auf der Straße gelebt wird. Man erzählt sich, dass er Stammkunde der

Empanadas

Zutaten
200 g Mehl ▪ 80 g Butter, zimmerwarm
5 EL Olivenöl ▪ Salz, Pfeffer ▪ 2 Eier
1 EL Rosinen ▪ 1 Zwiebel ▪ 140 g Hackfleisch
1 TL Paprika, gemahlen ▪ 1 TL Kümmel,
gemahlen ▪ 4 schwarze Oliven, entkernt

Häufeln Sie das Mehl in eine Schüssel. Drücken Sie in die Mitte eine Mulde. Geben Sie die Butter, 100 ml Wasser, 1 EL Olivenöl und eine Prise Salz in die Vertiefung. Verrühren Sie das Ganze erst mit einer Gabel, dann kneten Sie die Masse mit den Händen zu einem glatten, geschmeidigen Teig. Wickeln Sie ihn in Frischhaltefolie und lassen Sie ihn eine halbe Stunde ruhen.

Für die Füllung kochen Sie die Eier hart (7–8 Minuten) und lassen sie gut abkühlen. Anschließend pellen und vierteln. Die Rosinen geben Sie in ca. 100 ml warmes Wasser. Den Backofen auf 200 °C vorheizen

Die Zwiebel schneiden Sie nach dem Schälen in feine Würfel und schwitzen diese in 4 EL Olivenöl bei niedriger Hitze in einer Pfanne an. Nun erhöhen Sie die Temperatur und geben das Hackfleisch hinzu. Braten Sie es unter Rühren kräftig an, bevor Sie die Rosinen mit dem Wasser zugeben. Fügen Sie die Gewürze zu und köcheln die Mischung unter Rühren 7–8 Minuten. Abschmecken und die Mischung etwas abkühlen lassen.

Auf einem bemehlten Backbrett rollen Sie den Teig aus und stechen acht mittelgroße Kreise aus. Auf jeden Kreis geben Sie einen Esslöffel der Füllung, ein Eiviertel und eine Olive. Klappen Sie den Teig darüber, so dass ein Halbmond entsteht und drücken Sie die Teigränder mit einer Gabel gut zusammen. Legen Sie die Empanadas auf ein Backblech und backen Sie sie ca. 15 Minuten im Ofen. Heiß servieren.

Feinbäckerei »La Piedad« war, die Maria und Olivia aus Kalabrien führten. Sie befand sich in der Nähe des erzbischöflichen Dekanats.

Oft suchte er sie auf, um für Gäste, die er am Mittag oder Abend erwartete, Kuchen zu kaufen. Er stellte sich in die Schlange, bis er an der Reihe war, wie ein gewöhnlicher Kunde. Nie kaufte er irgendwelche verspielten süßen Teilchen, sondern immer einfaches, traditionelles italienisches Gebäck, wie es seine Mutter Regina María und seine Großmutter Rosa gebacken hatten, z. B. die Schokoladentörtchen, *le torte al cioccolato*, ein wahrer Leckerbissen. Kam er morgens vorbei, erstand er ein paar *brioche*, die klassischen, mit Butter und einer Creme- oder Marmeladenfüllung. In Buenos Aires heißen sie sinnigerweise *medialunas*, Halbmonde.

Oft kaufte er auch *tramezzini al formaggio e al prosciutto* – Sandwiches mit Käse und Schinken. Und wie bei jedem gebürtigen Argentinier standen hin und wieder *empanadas* auf seinem Speiseplan, diese für Mittel- und Südamerika typischen Teigtaschen, die mit Fleisch oder Käse, mit Schinken oder Gemüse gefüllt sind. Das war ein deutliches Zeichen dafür, dass der Erzbischof an diesem Tag nur eine schnelle Mahlzeit im Stehen zu sich genommen hatte, weil ihn seine Pflichten riefen und er keine Zeit erübrigen konnte, um sich selbst an den Herd zu stellen und sich eine Suppe oder ein Gemüsegericht zu kochen, wie er es häufig tat.

Es konnte keinen Zweifel daran geben, dass er in der Küche seinen Mann stand.

Bilder vom Colegio Máximo de San José in San Miguel, Buenos Aires, an dem der junge Bergoglio studierte.

»Der Koch des Colegio Máximo
hatte sonntags frei,
also bereitete ich das
Mittagessen für meine Studenten zu.«

Die Jahre praktischer Arbeit in den Küchen seiner Mutter und seiner Großmutter, gefolgt von seinem Studium der Lebensmittelchemie, hatten ihn auch auf schwierige Herausforderungen vorbereitet. Zum Beispiel auf das Improvisieren einer Mahlzeit für seine Freunde im Noviziat oder auf das Einspringen als Aushilfe bei den Köchen der Schulmensa.

Im Colegio Máximo de San José in San Miguel – dem größten jesuitischen Ausbildungszentrum in Lateinamerika, wo er erst Zögling und schließlich Rektor war – sorgte man natürlich für die Mahlzeiten der Studenten. Doch was geschah, wenn der Koch an Fest- und Feiertagen fehlte? Kein Problem! Der junge Jesuitenpriester krempelte die Ärmel hoch, band sich eine Schürze um und begann zwischen scheppernden Kellen, Kasserollen und Pfannen seine ureigene kulinarische Sinfonie zu dirigieren.

Er selbst berichtet davon in einem Interview, das 2010 als Buch erschien: *El Jesuita*. Damals war er noch Erzbischof von Buenos Aires: »Der Koch des Colegio Máximo hatte sonntags frei, also bereitete ich das Mittagessen für meine Studenten zu.« Auf die zweifelnde Frage, ob er denn genug Erfahrung im Kochen habe, antwortete er lapidar: »Nun ja, noch hat mein Essen niemanden umgebracht ...« Eine so schöne wie bescheidene Antwort. Typisch für einen Jesuiten, könnte man sagen. Denn Küchenchef Bergoglio konnte mit seiner Leistung überzeugen. Das jedenfalls erzählen diejenigen, die das Vergnügen hatten, sein Essen mit ihm zu teilen. Es gibt eine ganze Reihe von Anekdoten darüber, kleine und einfache Geschichten, die aber den Charakter eines Mannes und eines Gläubigen offenbaren, seine Weltanschauung wie seine Lebenseinstellung.

Zum Beispiel erzählt Padre Fernando Montes davon. Montes war ein Jesuit, der in der *Casa Loyola* lebte, nicht weit von Santiago de Chile, wohin Jorge gegangen war, um sein Noviziat mit einem Studium abzuschließen. Er sah in Bergoglio »einen guten Kameraden, sehr herzlich und geradeheraus, intelligent ohne ein Intellektueller zu sein ... Einer seiner hervorstechenden Charakterzüge ist seine Bescheidenheit.« Beide bekleideten später den Posten eines Provinzials der Jesuiten: Montes in Chile und Bergoglio in Argentinien. Padre Fernando erinnert sich an Einzelheiten: »Als ich als Superior der Jesuiten zu Besuch in Argentinien war, lud mich Padre Jorge zu sich nach Hause ein und bereitete ein *asado* zu, das bei den Argentiniern beliebte gegrillte Festessen! Wenn ich heute daran denke, dass ich in Argentinien einen Braten gegessen habe, den der Papst zubereitet hat, dann ist das schon aufregend!«

Ein Asado, ganz genau! Man sagt, dass Jorge Mario Bergoglio mächtig stolz war auf dieses Gericht, das als der Inbegriff der kulinarischen Tradition Argentiniens gilt: Seine Ursprünge sind fest verknüpft mit den *pampas*, mit den *gauchos*, die enorme Roste über Kohlenfeuern aufbauten und ganze Rinderviertel darauf grillten. Das Geheimnis eines perfekten *asado* – wörtlich übersetzt bedeutet es »geröstetes Fleisch« – liegt nicht nur im langsamen Garprozess, den man auch in einem Ofen stattfinden lassen kann. Padre Bergoglio wusste, wie man das richtige Rindfleisch in passender Größe auswählt, z. B. die Hochrippe vom Rind oder

Asado

Für ein gutes Asado braucht man verschiedene Stücke Rindfleisch. Klassisch gehören die Rippen dazu, die man in Argentinien schon in »tiras« portioniert kauft: das sind Stücke von mehreren Kilo. In Argentinien isst man Asado ohne Beilagen und wählt die Fleischmenge entsprechend höher.

Ein traditionelles Asado braucht sehr lang, bis es fertig ist. Auch für unsere häusliche Version sollten Sie eine lange Garzeit (3–5 Stunden) einplanen. Der große Vorteil: Es macht kaum Arbeit! Sie müssen nur den Garprozess regelmäßig prüfen – ideal ist dafür ein Kerntemperaturmesser. Bei einer Kerntemperatur von ca. 55–65 °C ist das Fleisch innen rosa und wunderbar zart und saftig. Wer es lieber durchgegart mag, muss warten, bis die Kerntemperatur ca. 75 °C erreicht.

Zutaten
1 bis 2 kg Rindfleisch am Stück, Quer- oder Hochrippe mit Knochen ▪ 1 Handvoll grobes Meersalz ▪ 1 Bund Petersilie, etwas Oregano 1 Prise Paprika ▪ 1–2 Lorbeerblätter ▪ 1 Knoblauchzehe ▪ 2 EL Essig ▪ Olivenöl nach Bedarf

Nehmen Sie das Fleisch rechtzeitig aus der Kühlung und massieren Sie es mit dem Meersalz kräftig ein. Legen Sie es in eine Form, decken es mit Frischhaltefolie ab und lassen es bei Zimmertemperatur mindestens eine Stunde ruhen. Besser noch über Nacht.

Ölen Sie den Rost Ihres leicht Backofens ein, legen das Fleisch mit dem Knochen nach unten darauf und garen es etwa 3–5 Stunden bei 130 °C. Kontrollieren Sie ab und an den Garvorgang, denn er kann, je nach Größe des Fleischstücks unterschiedlich lang dauern. Danach schalten Sie den Grill 10 Minuten lang auf höchste Stufe, damit das Fleisch eine Kruste bekommt. Das Fleisch sollte kräftig geröstet sein und an der Oberfläche mit Bratensaft gefüllte Blasen aufweisen.

Während der Garzeit bereiten Sie das »chimichurri« vor. Zerstoßen Sie dafür in einem Mörser die Petersilie, die Gewürze, den Essig und Olivenöl bis eine dickflüssige Paste entsteht.

Wenn das Fleisch gar ist, schalten Sie den Ofen ab und lassen das Fleisch ca. 20 Minuten ruhen, bevor Sie es mit dem Chimichurri servieren.

den Brustspitz. Hatte ihm das nicht Nonna Rosa auf ihren Gängen zum Metzger beigebracht? Er wusste, wie man das Fleisch marinieren muss, nämlich mit *chimichurri*, einer Sauce, die auch über das fertig gegrillte Fleisch geträufelt wird: Oregano, Petersilie, Knoblauch, Lorbeer, Pfeffer, vermengt mit Essig und Öl. Er hatte die Geduld, es langsam und ohne Eile gar werden zu lassen, denn gutes Essen braucht seinen eigenen Rhythmus und seine eigene Zeit.

Ein weiteres Zeugnis kommt von Eduardo Antonio, Lehrer am Institut Roque González in Posadas und Student am Colegio Máximo, als Bergoglio dort Rektor war. Er erinnert sich, dass der spätere Papst sich mit großer Selbstverständlichkeit im Haushalt bewegte: »Er half auch am Herd aus, er kochte wahnsinnig gern. Nein, er entsprach in keinster Weise dem Bild des ehrwürdigen Rektors einer so großen und berühmten Schule.« Aus diesen Jahren hat Eduardo Antonio eine Fotografie bewahrt. Sie zeigt Jorge Mario, wie er flatternde Laken und Tischtücher über der Schulter trägt, die er gerade von der Leine geholt hat. Eine Szene, die alles über den Geist des Dienens sagt, den dieser Jesuit verinnerlicht hat. Und über die Leichtigkeit, mit der er sich den Dingen des täglichen Lebens widmet, wie dem Tischdecken mit allem, was dazu gehört.

Das bestätigt auch *l'hermano* Luis aus Córdoba, einer Stadt, in die Bergoglio zu Beginn der 1990er-Jahre versetzt wurde, um als einfacher Seelsorger zu arbeiten. Amtsbruder Luis berichtet, dass eines Tages der Koch erkrankte und dass Jorge Mario sich

Das Asado mit der dazugehörigen Sauce *chimichurri* gehört zu den beliebtesten Mahlzeiten der Argentinier.

»Er half auch am Herd aus, er kochte wahnsinnig gern. Nein, er entsprach in keinster Weise dem Bild des ehrwürdigen Rektors einer so großen und berühmten Schule.«

Eduardo Antonio, Lehrer am Institut Roque Gonzáles in Posada, Student am Colegio Máximo, als es unter Bergoglios Leitung stand

angesichts dieses aktuellen Notstands erbot, nebenher auch die Küche zu übernehmen. Luis' Kommentar? »Alles ging bestens.«

Die Abwesenheit des Kochs zog sich allerdings hin und »dauerte ein paar Monate«, aber man hängte sein Fehlen nicht an die große Glocke, denn der zukünftige Papst »vertrat ihn würdig«.

Auch einer seiner Neffen, José Ignacio, berichtete anlässlich eines Interviews von der Vorliebe, die sein Onkel Jorge Mario fürs Kochen gehabt habe. Er habe »es geliebt, italienisch zu kochen. Manche Nudeln machte er sogar selbst. Er kochte sehr gerne für seine Freunde, er machte sich selbst das Frühstück und auch sein Bett. Heute natürlich gibt er nicht mehr den Koch, aber er steht zeitig auf, um vier Uhr früh, macht sein Bett, betet und beginnt zu arbeiten ...«

Am Tag nach seiner Wahl zum Papst befragten die argentinischen Journalisten die Studenten, die ihn als Rektor am Colegio Máximo gekannt hatten, quasi um die Wette. Dabei kamen einige Episoden ans Licht, in denen Jorge Mario Bergoglio als »zupackende Persönlichkeit« sichtbar wird, einer, der die Nähe der Menschen sucht und gern mit anpackt. Einer seiner persönlichen Freunde, ein früherer Zögling am Colegio Máximo, bezeugt: »Nur wenige wissen, dass der Papst ein exzellenter Koch ist. Er verwahrt sich dagegen, indem er sagt, dass er sich in der Küche kaum zu helfen weiß, aber das Gegenteil ist der Fall. Er kocht wirklich überragend. Seine Mutter hat es ihm beigebracht.«

Er verlautbarte später, dass Padre Bergoglio ihn eines Tages gebeten habe,

Pollo al forno

Das Rezept für dieses Backhähnchen diktierte Papst Bergoglio persönlich, als er als Rektor das Collegio Máximo in San Miguel leitete (siehe S. 52). Er hat dieses simple Hausrezept, wie es scheint, von seiner Mutter übernommen. Es ist ein so einfaches wie schnelles Rezept, das sich in Notfällen bestens bewährt, wenn man in kurzer Zeit etwas Leckeres auf den Tisch bringen muss.

Zutaten
1 Grillhähnchen, fertig gewürzt und gegart
60 g Butter, zimmerwarm ▪ 200 g Sahne

Reiben Sie das Hähnchen innen und außen gleichmäßig mit der Butter ein. Legen Sie es in eine Reine, geben Sie die Sahne hinein und schieben Sie die Reine in den auf 180 °C vorgeheizten Ofen. Nach ca. 10–15 Minuten ist das Huhn verzehrfertig.

Servieren Sie das Hähnchen mit Ofenkartoffeln – *patate al forno*.

Traditionellerweise bereitet man sie folgendermaßen zu: Waschen und schälen Sie die Kartoffeln, bevor Sie sie anschließend in Stücke oder dicke Scheiben schneiden. Diese geben Sie auf ein Backblech oder in eine flache Auflaufform, fügen Olivenöl extravergine, Salz, Pfeffer und nach Gusto frische Kräuter, wie Rosmarin oder Salbei dazu. Das Blech schieben Sie in den vorgeheizten Ofen und lassen die Kartoffeln mindestens 30 Minuten bei 180 °C backen. Wenden Sie sie von Zeit zu Zeit und überprüfen Sie dabei, ob sie schon weich sind.

Das Hähnchen in Stücke zerteilen und mit den Kartoffeln heiß servieren.

eines der periodisch stattfindenden Essen mit den Studenten des Studiengangs Theologie zu organisieren. Der Student verfiel in Panik. Er konnte nicht kochen. Noch nie hatte er irgendein Gericht zubereitet, schon gar nicht für so viele Esser. Voller Sorge ging er schließlich zum Rektor und beichtete ihm sein Problem. Mit unendlicher Ruhe erwiderte ihm dieser: »Das ist wirklich keine große Sache … Geh auf den Markt von San Miguel, kaufe vier Hähnchen am Spieß, vier Päckchen Butter und vier Becher Rahm.« Der Student riss die Augen auf: Warum? Bergoglio empfahl ihm, sich keine Sorgen zu machen, er solle einfach tun, was ihm aufgetragen sei. Kurz: »Geh nur. Um den Rest kümmere ich mich.«

Man könnte dabei an eine Geschichte aus dem Lukas-Evangelium denken, an den wundersamen Fischzug! Am helllichten Tag bittet Jesus den überraschten Fischer Simon Petrus »die Netze für den Fang auszuwerfen«, weniger als einen Akt des Glaubens, sondern eher als eine Geste des Vertrauens. Kurz und gut: »Mach, was ich dir sage«, sprach Bergoglio zu seinem Studenten. »Vertrau mir.« Und so geschah es. Später rief der Rektor einige werdende Theologen zusammen und verteilte die Aufgaben: »Ihr schält jetzt einen Berg Kartoffeln und kocht sie.« Inzwischen war der Student mit den Einkäufen zurückgekommen. Und dann machte sich der Leiter des wichtigsten Jesuiten-Kollegs von Argentinien ans Werk. Schritt für Schritt erklärte er, wie man die Zutaten in eine schmackhafte, einfache Mahlzeit verwandelt. Genauso, wie Mama

> Die Früchte der Erde sind »heilig«,
> denn sie sind das »Ergebnis
> alltäglicher Arbeit von Menschen,
> Familien, Gemeinden und Bauern
> – ganz einfach.«

Ausschnitt aus einer Rede von Papst Franziskus zum Welternährungstag 2015, gehalten vor der Ernährungs- und Landwirtschaftsorganisation der Vereinten Nationen in Rom

Regina María es ihm selbst beigebracht hatte. Und tatsächlich erwähnte er nebenbei: »Das ist ein Rezept meiner Mutter …«.

Eine kurze Bemerkung, aber eine Hommage an diejenige, die ihm die Leidenschaft für das Kochen mitgegeben hat, die Begeisterung dafür ebenso wie die praktischen Fähigkeiten am Herd. Als sei er ein echter Küchenchef, diktierte Bergoglio danach die Kochanleitung: »Halbiere die Butter. Mit der einen Hälfte reibst du das gekochte Hähnchen außen ein. Die zweite Hälfte schiebst du in seinen Bauch. Wiederhole diesen Schritt mit allen Hähnchen, lege sie in Reinen und stelle sie in den gut vorgeheizten Ofen. Nach zehn Minuten ziehst du die Reinen heraus, gibst den Rahm über die Hähnchen, schaltest den Ofen aus und lässt das Ganze im Ofen noch etwas ziehen. Serviere die Hähnchen mit den Kartoffeln.

Fertig. Alle zufrieden!« Tatsächlich, erinnert sich der ehemalige Zögling, war diese Mahlzeit, die im schönen Speisesaal des Colegio verzehrt wurde, ein echter Triumph. Ein Riesenerfolg. Alle aßen sich satt.

Rektor Bergoglio, wie immer unberechenbar, hatte das Gastmahl gerettet. Und er hatte dabei ganz nebenbei jemandem eine außergewöhnliche Lektion erteilt, indem er diesem tatkräftig zur Seite stand. Man könnte fast sagen, er hat ihm eine Lektion für das Leben erteilt, denn in der Schlichtheit des Rezepts liegt sein Erfolg – wie so oft auch im Leben, je einfacher, desto besser. Einfache Zutaten, simple Zubereitung, das sind die grundlegenden Dinge der italienischen Küche und diese hat Jorge Mario seit Kinderzeiten verinnerlicht.

Diese Schlichtheit weist auch das Schüsselchen Suppe auf, das Bergoglio auch als

Die weiten Ebenen der argentinischen Pampas, in denen noch heute Gauchos leben, begabte Viehtreiber und -züchter.

Primas von Argentinien sich gewöhnlich zum Abendessen zubereitete, in seiner Wohnung, zwei Schritte von der Kathedrale entfernt. Ein heimeliger Moment, ganz persönlich und leise. Beinahe eine entwaffnende abendliche Meditation über das Essen, das einen »›heiligen‹, nicht nur einen ›finanziellen‹ Wert hat«. So formulierte es Papst Franziskus in einer Rede am Welternährungstag 2015 vor der UN-Ernährungs- und Landwirtschaftsorganisation in Rom. Was die Erde hervorbringt ist »heilig«, weil es das »Ergebnis alltäglicher Arbeit von Menschen, Familien, Gemeinden und Landwirten ist«. Dieser Gedanke fußt auf den von der Natur bedingten Schwierigkeiten der Landwirtschaft Argentiniens, den endlosen Pampas mit ihren Hochebenen und den Gipfeln der Anden, wo das alltägliche Leben wirklich ein »Opfer« darstellt, für alle, die den Boden bearbeiten müssen. Und die ihn lieben.

4.

Wie man im ehrwürdigen Colegio Máximo de San José ein gefülltes Spanferkel zubereitet

Zu den herausragenden Protagonisten der kulturellen Szene Argentiniens gehört Juan Carlos Scannone. Er ist Direktor des philosophischen Instituts an der Fakultät für Philosophie und Theologie von San Miguel und vermutlich der versierteste Theologe des Landes. Er war einer von Bergoglios Dozenten und wurde sein Freund. Über seinen ehemaligen Zögling, der später Papst werden sollte, könnte Scannone ein ganzes Buch schreiben. Er kennt – ohne Übertreibung – dessen gesamtes Leben. Er beschreibt Bergoglio als einen »besonderen Charakter«, als »Mensch wie ein ganzes Orchester«. Er erinnert sich an dessen Fähigkeit, zeitgleich »eine spirituelle Leistung zu vollbringen, eine mechanische Arbeit abzuwickeln und handwerklich tätig zu sein – alles auf demselben hohen Niveau«. Einmal sah er, wie Bergoglio einen Artikel in die Tasten seiner Schreibmaschine hackte, danach »ging, um seine Wäsche zu waschen« und sofort im Anschluss »jemanden empfing, der seelsorgerische Hilfe brauchte.«

Scannone bestätigt, dass Bergoglio »hervorragend kocht. Ich erinnere mich, dass gefülltes Spanferkel zu seinen Lieblingsgerichten gehörte und dass er es eigenhändig hier in San Miguel zubereitete.« Es muss wirklich großartig gewesen sein, dieses Ferkel, wenn Padre Scannone noch heute in höchsten Tönen davon schwärmt. Eine leckere Sache, so scheint es. Schon allein, weil das Ausgangsmaterial sicher von einer Qualität war, wie sie die Massentierhaltung nicht hervorbringt. Tatsächlich kam das Fleisch aus allernächster Nähe des ehrwürdigen und strengen Colegio Máximo de San José in San Miguel. Nicht weit vom großen Komplex des Haupthauses der Jesuiten-

Kaderschmiede hatte man einen Schweinepferch angelegt. Jawohl, einen Schweinestall, der für die Mitglieder der großen Gemeinschaft die Versorgung mit Lebensmitteln gewährleisten half. Gesunde Lebensmittel, bedenkt man, dass die Schweine dank der Küchen- und Essensabfälle aus der Mensa heranwuchsen, im Sinne der Philosophie, die sich gegen die Verschwendung richtet und Achtung vor der Umwelt verlangt.

Eine Philosophie, die Papst Franziskus noch heute vertritt. Er verpasst keine Gelegenheit darüber zu sprechen. Bei einem Empfang für 7000 Studenten im Mai 2017 forderte er seine Zuhörer dazu auf, unseren Planeten zu hüten und zu achten: »Wir sind dabei, die Schöpfung nicht nur zu beflecken, sondern sie zu zerstören. Wir können keinen Apfel mehr essen, ohne ihn zu schälen, weil wir uns sonst mit Pestiziden verseuchen. Ärzte raten Müttern, ihren Kindern kein Hühnerfleisch aus Mastbetrieben mehr vorzusetzen«, weil es Hormone enthält, »die man den Tieren gibt, damit sie schneller wachsen«. Hochaktuelle Worte, die man so noch nie von einem Papst gehört hat. Sie spiegeln die Zeit zu Beginn der 1980er-Jahre, als in San Miguel unter der Direktion von Bergoglio ein Schweinepferch gebaut wurde, der von der ganzen Gemeinschaft, Rektor inklusive, sorgfältig gepflegt wurde.

Padre Gustavo Antico, Priester und Leiter der Kirche der heiligen Katherina von Siena in Buenos Aires, war Zeuge davon. Er erinnert sich an die großartigen Jahre seines Noviziats, als der damalige Padre Jorge Mario auch in den Lehrplänen für eine »Revolution« sorgte. Und nicht nur das: Er öffnete die ehrwürdige Schule der Jesuiten, deren Schwelle bisher nur wenige hatten übertreten dürfen, für die Bewohner der umliegenden Armenviertel.

Gustavo war kaum achtzehnjährig im Colegio Máximo aufgenommen worden. Seine erste (und ungeplante) Begegnung mit dem Jesuiten, der später Papst werden sollte, schildert er folgendermaßen: »Er betrachtete mich, mit diesem Blick, der ihn auch heute noch charakterisiert, und mit ungerührter Miene befahl er mir: ›Du: Geh zu den Schweinen!‹ Den ganzen Januar lang musste ich mich um die Tiere kümmern, die wir im Pferch der Schule aufzogen ...« Padre Antico lächelt, wenn er an diese Zeit zurückdenkt, die jeden auf eine harte Probe gestellt hätte, vor allem diejenigen, welche die Bezeichnung »Jesuit« mit langen Jahren des Brütens über theologischen Traktaten in staubigen Bibliotheken gleichsetzen. Doch auch das Ausmisten hatte seinen Wert in den verschiedenen Stufen der Ausbildung für den Orden. Es vermittelte physische und geistige Disziplin.

Am wichtigsten jedoch war, dass der Rektor mit gutem Beispiel voranging. Bergoglio – fährt Don Gustavo fort – befahl seinen Studenten nicht, die Schweine zu hüten, um selbst in seinem Arbeitszimmer an der Schreibmaschine zu sitzen. Als höchste Autorität im Colegio »verlangte er niemals etwas von anderen, was er nicht selbst als Erster getan hätte.« Folglich traf man auch Padre Jorge Mario mit der Mistkarre an, umringt von seinen Studenten. »Er kam, während wir dort arbeiteten« – erinnert sich Don Antico – »und dann sprachen wir ausgiebig miteinander. Täglich machte er

seinen Besuch am Pferch und half bei der Pflege der Schweine. Er war sehr anspruchsvoll: für ihn waren die der körperlichen Arbeit gewidmeten Stunden in der Ausbildung für den Priesterstand von allerhöchster Wichtigkeit.« Der Rektor sah es mitnichten als Entwürdigung an, mit den Füßen im Schlamm zu stehen oder den Trog aufzufüllen, aus dem die Schweine fraßen. Er legte Hand mit an – eine kraftvolle Botschaft des Miteinander an die Studenten und die gesamte Gemeinschaft. Das waren Lektionen fürs Leben, die großen Eindruck hinterließen. Es war vermutlich leicht, über einen Superior zu mosern, der seine Befehle von der Schreibmaschine aus erteilte. Aber wenn man Schulter an Schulter dieselbe alltägliche Arbeit mit ihm verrichtete, genauso verschwitzt und müde wie der letzte Novize, von oben bis unten voller Dreck, dann

erscheint dieses Vorbild in einem sehr anderen Licht. Es wird wahrer. Es kommt einem näher. Es wirkt intensiver. Und Bergoglio, damals Dozent für Psychologie, wusste um die Dynamiken im menschlichen Miteinander. Das gemeinsame Arbeiten mit seinen Untergebenen im Schweinepferch war nicht nur ein Beispiel für aufgeklärtes Leadership oder für motivierendes Management. Durch dieses sich gemeinmachen mit den einfachsten Personen zeigte Jorge Mario den Willen, seinerseits etwas zu lernen, etwas zu begreifen, indem er die Stelle der anderen einnahm. Ganz konkret. Ohne irgendwelche Formalitäten. Die Einzäunung, in der die Schweine grunzten, wurde zum Hörsaal. Womöglich sogar noch mehr als das. Und die Schweine wuchsen dabei gesund und munter heran. »Das Auge des Herrn mästet das Vieh« lautet eine alte, wenn auch nicht biblische Spruchweisheit.

So führte das Colegio Máximo Achtsamkeit und Empathie für das vor, wofür wir berufen sind, Sorge zu tragen. Aus diesem Verhalten resultierten auch die Qualität und der gute Geschmack des gefüllten Spanferkels. Vor allem, weil es von einem Jesuiten gemästet und zubereitet wurde, der angesichts eines Pferchs voller Säue nicht die Nase rümpfte. Und der genau wusste, wie und was in der Küche zu tun war und wo, wie man sagt, der »Unterschied zwischen Kochen und Braten« liegt. Zu den Lieblingsgerichten Bergoglios gehörte neben dem *Asado* auch ein glänzendes *Cerdo relleno*. Wir gehen davon aus, dass er es auf die klassische Art kochte, indem er kleine Taschen in das Filetstück schnitt, für eine Füllung aus geriebenen Kartoffeln, vermischt mit Speck, Milch, Schweineschmalz und gerösteten Knoblauchzehen. Gewürzt wird das Ganze mit geriebenem Gruyère, gebräunten Zwiebeln, Knoblauch, Olivenöl und etwas Salz und Pfeffer. Mit seinem gefüllten Spanferkel bewies Bergoglio, dass sich die kulinarische Tradition Italiens mit der argentinischen Küche vereinen lässt. Beide Kochtraditionen ähneln einander in ihrer Verwendung von Fleisch, beide arbeiten

Cerdo relleno

»Cerdo relleno« bedeutet gefülltes Schwein. Es gehört zu den klassischen Rezepten Argentiniens, und es begegnet uns in vielen Varianten. Wir schlagen hier eine reiche und würzige Art der Zubereitung vor, die sich ideal für Fest- und Sonntagsessen im Familien- oder Freundeskreis eignet.

Zutaten für 4 bis 6 Personen
1 kg Schweinelende ▪ 2 Knoblauchzehen
1 EL Olivenöl ▪ 1 Eigelb ▪ 100 g Bauchspeck, in feine Streifen geschnitten ▪ 150 g Gruyère in Würfeln ▪ 1 Zwiebel, fein gewürfelt
200 g Kartoffeln, gerieben ▪ Salz, Pfeffer, Rosmarin

Waschen Sie das Fleisch, tupfen Sie es trocken und entfernen Sie überschüssiges Fett. Schneiden sie quer verlaufende Schlitze von einigen Zentimetern Länge ins Fleisch, doch schneiden Sie es dabei nicht durch.

Den Knoblauch schneiden Sie in Scheiben und bräunen diese in einer Pfanne in etwas Olivenöl an. Nachdem sie abgekühlt sind, vermischen Sie sie in einer Schüssel mit dem Eigelb, dem Speck, dem Gruyère, der Zwiebel und den Kartoffeln. Füllen Sie diese Mischung in die Taschen der Lende. Salzen und pfeffern Sie den Braten, bestreichen Sie ihn mit Olivenöl und geben Sie ihn mit einem Zweig Rosmarin in eine Reine.

Garen Sie den Braten zugedeckt 30 Minuten bei 170 °C. Dann nehmen Sie den Deckel ab und lassen Sie ihn weitere 15 bis 20 Minuten im Ofen, bis das Fleisch eine goldbraune Farbe zeigt.

Bagna cauda

Sie brauchen pro Person etwa 200 g Saisongemüse:
Wir haben uns für Karotten, Blumenkohl, rote
Paprika, rote Beten, Kürbis, Fenchel, Kartoffeln und
Staudensellerie entschieden.

Waschen und putzen Sie das Gemüse und
schneiden es in schöne Stücke. Karotten und
Blumenkohl blanchieren Sie anschließend in
Salzwasser. Die Paprikaschoten legen Sie unter den
Grill und ziehen danach die Haut ab. Die roten
Beten, die Zwiebeln, die Kartoffeln und den Kürbis
legen Sie auf ein Blech und backen sie im Ofen
45 Minuten bei 190 °C. Fenchel und Staudensellerie
belassen Sie roh.

Zutaten
5 Knoblauchzehen ▪ etwas Milch
200 g Sardellenfilets in Salzlake ▪ Weißwein,
Olivenöl ▪ 70 g Butter ▪ 3 EL Sahne

Schneiden Sie den Knoblauch in sehr feine
Scheiben, die Sie 1 Stunde in Milch legen. Von den
Sardellenfilets tupfen Sie das Salz etwas ab,
entfernen ggf. die Gräten und legen Sie in
Weißwein. Anschließend lassen Sie beides gut
abtropfen und geben es in einen kleinen Topf.
Bedecken Sie alles mit Olivenöl und köcheln Sie die
Mischung ca. 10 Minuten unter stetigem Rühren
bei niedriger Hitze. Der Knoblauch darf dabei nicht
braun werden, die Sardellen sollten zerfallen. Fügen
Sie dann die Butter zu, lassen alles weitere 10 Minu-
ten köcheln und geben dann die Sahne hinein.

Die *bagna càôda* auf einem Rechaud warmhalten
– wichtig ist, dass sie während des Essens nicht kalt
wird. Die Gemüsestücke werden in die Sauce
getaucht und verzehrt.

Wer will, kann geröstete oder frittierte Polenta-
schnitten dazureichen oder frische Eier: Man
schlägt sie in die letzten Löffel heißer *bagna càôda*,
rührt um und erhält – ein kräftig gewürztes Rührei!

gerne mit Weizenmehl. Ihre Rezepte entwi-
ckelten je nach kulturellem Einfluss eine
eigene, aber übersetzbare Sprache. Der
Reichtum und die Vielfalt der italienischen
Küche jedoch, insbesondere der piemontesischen, haben trotzdem und von jeher den
Gaumen des Pontifex gekitzelt. Wie könnte
man auch zum Beispiel die *bagna cauda*
ignorieren? Er war und ist versessen darauf.

Zum Katalog der Verhaltensweisen
Bergoglios gehört, dass er gerne Beispiele
zitiert. Was nicht verwunderlich ist. Gute
Analogien zu finden, ist Teil seiner Kultur
des Haptischen, des Geschmacklichen. Sie
erwuchs in der familiären Umgebung, wo er
neben Gedichten im Dialekt des Piemont
auch die Poesie der Aromen lernte, z. B. in
der für das Piemont typischen würzigen
Sauce, der heißen *bagna càôda*, wie sie im
lokalen Dialekt genannt wird, mit ihrem
intensiven Geschmack, den sie an die
jahreszeitlichen Gemüse abgibt. Die *bagna
cauda* ist einzigartig und unverwechselbar,
besteht aber aus ganz einfachen Zutaten –
naturreinem Olivenöl, Sardellen, Knoblauch,
etwas Butter, Milch – die man in einer
feuerfesten Keramikschüssel über einem
Stövchen heiß hält.

Man darf behaupten, dass die *bagna
cauda* geradezu das Symbol für das gesellige
Ritual gemeinsamen Essens darstellt: Rund
um das heiße Gefäß in der Mitte der Tafel
bewegt sich das Tischgespräch. Während die
Tischgenossen ihr Stückchen Gemüse in die
köchelnde Sauce tauchen, werden ihre
Erzählungen lebendig. So entsteht eine echte
und tiefe Erfahrung des Teilens. Dieses

Sein Herz schlug jedes Mal höher, wenn er von jemandem eingeladen wurde, der irgendwelche Bindungen nach Italien hatte.

Ritual musste Bergoglio einfach faszinieren. Man erzählt sich, dass er noch nie eine Einladung zur *bagna cauda* abgelehnt hätte, egal ob als Mittags- oder Abendmahlzeit. Sein Kalender platzte bisweilen vor lauter Terminen wie Ansprachen an Fest- und Feiertagen, religiösen Zeremonien, Geburtstagen, Taufen, Segnungen von neu eröffneten Restaurants etc. aus allen Nähten. Dennoch schlug sein Herz jedes Mal vor Freude, wenn er von jemandem eingeladen wurde, der irgendwie mit Italien verbunden war.

Diverse Male luden ihn aus dem Piemont stammende Familien ein, so auch die Familie von Fernando Caretti, Präsident der Unione Ossolana der piemontesischen Emigranten – das Ossolatal gehört zum Piemont – sowie der Associazione »Alpini di Argentina«, der Vereinigung der aus den Alpen stammenden Argentinier. Der damalige Kardinal war bei ihm zu Mittag geladen: Unter den verschiedenen Gängen, alle typisch piemontesisch, gebührte der *bagna cauda* ein Ehrenplatz.

Hochbetagt erinnert Caretti sich, dass sie während dieser Begegnung ausführlich über die Gebräuche in und um Turin und Asti sprachen.

Caretti war überrascht, wie tief der spätere Papst an dem Ursprungsland seiner Familie hing und wie sehr ihn die Probleme derjenigen bewegten, die ihr Land verlassen mussten und müssen.

Die Freundschaft zwischen dem Kardinal und Caretti bestand weiter, auch als Bergoglio zum Papst gewählt worden war. Bewegt erinnert sich Caretti, der Ende Mai 2014 zur Versammlung der alpenländischen Emigranten in Italien war, wie er nach Rom gefahren und zur Audienz gegangen sei, die der Papst jeden Mittwoch auf dem Petersplatz hält. Francesco habe ihn in der Menge erkannt. Er habe angehalten, ihn herzlich gegrüßt – und die leckere, vor Jahren in Buenos Aires genossene *bagna cauda* erwähnt. Mahlzeiten, die Erinnerungen heraufbeschwören.

Im Laufe der Zeit ergaben sich weitere persönliche Erinnerungen, Bilder und Szenen, die – immer im Kontext von Nah-

Noch andere Erinnerungen aus vergangenen Zeiten geben Bilder und Szenen wieder, die – immer im Kontext von Nahrung und Ernährung gesehen – die Persönlichkeit von Franziskus konturieren.

rung und Ernährung gesehen – uns helfen, die Persönlichkeit von Papst Franziskus zu umreißen. Dazu gehört auch die Geschichte von Carlo Samaría, der über 40 Jahren die Schuhe von Bergoglio reparierte. Noch immer denkt der Schuster gerne an die schönen Momente seines Essens mit dem Kardinal zurück. Er hatte ihn zu sich nach Hause eingeladen und seinem illustren Gast zu Ehren reichlich Lachs zubereitet. Bergoglio war zwar sichtlich gerührt von dieser erlesenen Speise, vor allem im Wissen, in welch bescheidenen Verhältnissen Samaría als Flickschuster lebte: Er hatte die Gastfreundlichkeit aber übertrieben. Daher tadelte der Kardinal ihn: »Sie hätten für mich nicht so viel Geld ausgeben dürfen.« Jetzt, wo der Erzbischof Papst geworden ist, ist sein Schuster erst recht davon überzeugt, dass es absolut richtig und eine Sache des Stolzes gewesen sei, diesen Lachs auf den Tisch zu bringen. Wer anderes als Don Jorge Mario habe ihn verdient? So nämlich, »Don Jorge«, sollten ihn die Leute nennen und ihn nicht etwa mit dem Titel »Monsignore« oder

»Eure Eminenz« anreden. Wie ein ganz normaler Priester aus dem Quartier wollte er behandelt werden. Wie »ein ganz einfacher Mann«.

Als solchen schätzt ihn auch Dario Gimenez, Arbeiter in einer Teppichfabrik. Er traf Bergoglio erstmals im Bus der Linie 70, der Hauptverbindung nach Barracas, in die Vorstädte Villa 21–24. Zwischen beiden entstand eine brüderliche Freundschaft, die sich immer weiter festigte. Der Erzbischof taufte Gimenez' Tochter und hatte auch die Gelegenheit, mit der Familie am Tisch zu sitzen. Dario Gimenez bemerkt: »Bergoglio ist ein so bescheidener Mensch, dass er immer dafür sorgt, dass andere sich wohlfühlen. Das letzte Mal als er hier war, luden wir ihn spontan zum Abendbrot ein und er blieb da, um mit uns zu essen. Wir hatten nichts Großartiges vorbereitet, nur etwas Nudelsuppe. Seine Haltung dazu werde ich nie vergessen. Er sah mich unvermittelt an und sagte: ›Ich setze mich gerne mit den Armen zu Tisch, denn sie servieren eine Mahlzeit und ihr Herz gleich mit. Andere, die mehr haben, teilen manchmal nur ihre Mahlzeit ...‹.« Eine so schlagfertige wie verblüffende Beobachtung, die »dafür sorgte, dass ich mich sehr verstanden fühlte«, so Gimenez.

Eine völlig unerwartete Geste des Erzbischofs war es, die den Fotografen Enrique Cangas zum Staunen brachte. Der Hobbyfotograf folgte Bergoglio eine Zeit lang bei seinen seelsorgerischen Einsätzen in der hauptstädtischen Erzdiözese. Eines Tages war eine wichtige Veranstaltung geplant und Cangas war in Begleitung von vier Kollegen, die sich ausgewiesen hatten, um die Kundgebung, die sich weit über die geplante Zeit hinaus ausdehnte, festzuhalten. Cangas erinnert sich: »Es war spät und es war ein Feiertag. Das Bankett war längst vorüber und wir hatten nicht gegessen. Als alle sich von Bergoglios Tisch erhoben hatten, kam er zu uns, einen Teller mit Empanadas in der Hand: ›Die sind für Euch, Ihr müsst auch etwas essen!‹ So ist er, der Bergoglio!«.

»Gebt den Armen ... Gott will, dass ich derjenige bin, der Euch gibt«: So lauten die Worte, auf die der spätere Papst häufig

»Ich setze mich gerne mit den Armen zu Tisch. Denn sie teilen sowohl ihr Essen als auch ihr Herz mit mir. Die Reichen teilen manchmal nur das Essen ...«

pochte, wenn er seine Höflichkeiten und Aufmerksamkeiten begründete.

Er wiederholte sie auch vor Luis Aumedes, dem Besitzer eines kleinen Kiosks, in dem Fahrkarten für die Touristen-Busse zu den Sehenswürdigkeiten von Buenos Aires verkauft werden. Aumedes' Kiosk stand nahe dem Eingang des erzbischöflichen Palais. Es war unvermeidlich, dass er mit dem Kardinal quasi zusammenstieß, wenn Bergoglio das Gebäude verließ. Beide gingen dann gemeinsam durch die Straßen der Stadt oder sie verweilten unter dem Portikus des Palais, um Obdachlosen, Notleidenden und Kindern zu helfen. Oft brachte Bergoglio diesen Menschen zu essen oder gab ihnen kleinere Summen, damit sie sich selbst etwas kaufen konnten. Die beiden wurden Freunde. Don Jorge Mario half auch Aumedes ganz praktisch und konkret, als der im Kiosk verwendete Computer gestohlen worden war. Aumedes berichtet, dass er öfter als Gast bei Bergoglio in seiner kleinen Wohnung zum Abendessen war. Spontan schlug der Erzbischof jeweils vor: »Luis, komm hoch, damit wir zusammen essen können.« Der Primas von Argentinien warf dann einen kurzen Blick in die Speisekammer, stellte

sich an den Herd und fabrizierte ein Essen, einfach so. Was er gekocht habe? »Huhn mit Gemüse und Salat. Und danach gab es – jedes Mal – ein Eis«, erinnert Aumedes sich. Er deckte nicht nur den Tisch, sondern »er bediente mich, als läse er im Evangelium«. Luis stand auch im Zentrum einer der Papstgeschichten, über die die Klatschpresse so gerne berichtet. Als er für ein Projekt zur Förderung des Tourismus in Rom war, ging er in einer freien Stunde auf den Petersplatz, wo gerade die wöchentliche Audienz des Papstes begann. Er stand inmitten Zehntausender von Gläubigen, aber Franziskus fuhr direkt an ihm vorbei. Er bat den Chauffeur, das Papamobil anzuhalten und lud Luis, den Compagnon ungezählter Abendessen, ein mitzufahren. Die Schnappschüsse von diesem Moment kursieren noch heute im Internet ... Genau so ist Bergoglio. Der unberechenbare Bergoglio.

Eine Verwandte aus dem Piemont hat eine Szene mit ihm vor Augen, die sich zwei Jahre vor seiner Papstwahl zutrug. Er war gerade in Turin, um Giuseppina Ravendone, die Witwe des Malers Franco Martinengo – eines Cousins ersten Grades – zu besuchen. Die Witwe erzählt, dass Bergoglio »lieber in der Küche aß« und dass er »das Wohnzimmer nie betreten habe«. An diesem Tag – es war ein Aschermittwoch – schlug der Bischof vor, zum Essen ins Restaurant zu gehen. Giuseppina erinnerte ihn, dass die Fastenzeit soeben begonnen habe und daher Askese und Verzicht angemessen seien. Doch überaus entspannt konterte Bergoglio: »Ja, aber haben wir diese Dinge nicht bereits hinter uns?«

Man begab sich also in die nahe gelegene Trattoria »Mombercelli« in Borgo San Paolo, wo die Signora Ravedone Martinengo ein gern gesehener Gast war. In Übereinstimmung mit dem liturgischen Kalender, der in der Fastenzeit fleischlose Kost vorschreibt, wählte man ein Fisch-Menü. Elena Antico, die Besitzerin der Trattoria, erinnert sich sehr gut an diesen Tag, wenn auch nicht mehr an das, was sie den beiden vorsetzte. Allerdings mit Sicherheit mehr als eine Auswahl gegrillter Fische oder Miesmuscheln tarantinische Art – also mit gehackten Tomaten und Petersilie. Es ist wahrscheinlich, dass sie *triangolini di salmone alla panna* empfahl – mit Lachs gefüllte Teigtaschen in Sahne – oder *seppioline con zucchine e pomodorini* – Tintenfischchen mit Zucchini und Kirschtomaten, die wirklich fantastisch schmecken. Nie hätte sie sich

Louis stand inmitten Zehntausender von Gläubigen. Als Papst Franziskus an ihm vorbeifuhr, bat er den Chauffeur des Papamobils anzuhalten und lud ihn ein mitzufahren.

ausmalen können, dass sie dabei war, den späteren Papst in ihrem Restaurant zu bewirten. Nicht einmal ein Foto hat sie gemacht. Trotzdem ist ihr noch ganz gewärtig, an welchem Tisch, etwas abseits der Mitte, ihre Aschermittwochsgäste saßen. Auch die Herzlichkeit und sympathische Art des damaligen Erzbischofs von Buenos Aires hat sie noch im Hinterkopf: Er schien sich in ihrer Trattoria, die sowohl in der Einrichtung als auch in der Speisekarte das Selbstbewusstsein der traditionellen Kochkunst des Piemont spiegelte, wohlzufühlen.

Ja, die von der Vergangenheit Turins geschwängerte Luft beschwor nostalgische Gefühle in dem Enkel piemontesischer Auswanderer herauf, warme Erinnerungen an seine Lieben, an die Heimat, die sie am 1. Februar 1929 verlassen mussten, und an die Zeit, als er noch ein kleiner Junge war.

Die Trattoria »Mombercelli« hat ihren Namen übrigens von einer Gemeinde nicht weit von Portacomaro bei Asti. Aus dem kleinen Mombercelli stammte Giovanni, Bergoglios Großvater väterlicherseits. Ein Zufall?

Das Ambiente und das Essen der
Trattoria »Mombercelli« weckte in dem
Enkel piemontesischer Auswanderer
nostalgische Gefühle und lebhafte
Erinnerungen an alte Zeiten.

5.

Bergoglios »wundersame Vermehrung« von »empanadas« in Buenos Aires

Natürlich ist dem Essen auch ein öffentlicher Charakter eigen. Genauer gesagt: Man teilt es mit anderen, hat die Möglichkeit, sich gemeinsam an einen Tisch zu setzen, auch im übertragenen Sinn, und man lernt dabei die Eigenheiten seiner Gegenüber kennen und schätzen. Nur auf diese Weise kann man die drohenden »Schatten einer auseinanderdriftenden Gesellschaft« bannen. Der Zerfall der Gesellschaft ist unvermeidbar, wenn nicht »jeder einen Platz am Tisch« bekommt. Ganz klar drückte sich Bergoglio da im Mai 1999 aus. Damals leitete er die Erzdiözese von Buenos Aires gerade ein Jahr. Er war sich der beunruhigenden Signale aus der argentinischen Wirtschaft, die kurz vor dem Zusammenbruch stand, gewahr. Schon bevor die Armutsrate zügellos in die Höhe schnellte, hatte er, der Priester der *barrios* – der

Vorstädte – wahrgenommen, dass die Menschen in immer größere Versorgungsengpässe gerieten, weil die Preise für Lebensmittel explodierten.

Es war nicht das erste Mal, dass er die Stimme erhob. Schon Jahre zuvor hatte er anlässlich der Feier des Heiligen Gaetano im Liniers-Viertel gepredigt: »Die Arbeit muss, ähnlich wie das Brot, zwischen allen geteilt werden ... Wem Gott die Gabe des Brots und die Gabe des Lebens gegeben hat, den darf niemand daran hindern, sich diese beiden Gaben zu verdienen.« Danach geriet, wie man weiß, Argentinien in eine starke Rezession und machte eine Wirtschaftskrise durch, deren Folgen noch heute spürbar sind. Es waren dunkle Zeiten.

Bergoglio hat sie miterlebt. Die Bedingungen, unter denen ein Großteil der Menschen dahinvegetierte, stürzten ihn in tiefe Sorge.

Er verfolgte, wie sie immer ärmer wurden, allein dadurch, dass die Lebenshaltungskosten, speziell die Preise für Grundnahrungsmittel – Fleisch, Milch, Käse, Thunfisch, Öl und Mate-Tee –durch die Decke gingen. Unzählige Male prangerte er diese Entwicklung an, zum Beispiel im März 2002, als er alle – Politik und Verwaltung inklusive – bat zu hinterfragen, wie alte Menschen »mit 140 Dollar monatlich« zu Rande kommen sollten und sich zu vergegenwärtigen, dass Kleinkinder »durch Mangelernährung zu behinderten Jugendlichen heranwachsen«.

Bergoglios Sensibilität für Ernährungsthemen wurde noch geschärft, weil er sah, wie seine Landsleute im Müll nach Essenresten stöbern mussten und jeden noch so kleinen Fund hinunterschlangen.

Für Bergoglio galt mehr denn je: Essen ist wichtig. Es ist überlebenswichtig. Niemand darf hungers sterben. Und wir alle sind dazu angehalten, unseren Teil dazu beizutragen. Eine sichtbare Botschaft dieser Auffassung, stärker noch als seine Worte, ist Bergoglios frugale Lebensweise. In einer Reportage unterstrich die Tageszeitung *La Nación* im Juli 2009, wie schlicht der damalige Erzbischof sich ernährte: »Er wählt einfache, aber gesunde Lebensmittel, und ab und an trinkt er ein Glas Wein. Er liebt Früchte, Huhn ohne Haut und Salat.« *La Nación* lancierte auch die Witzeleien des Bischofs über seine Sucht nach der piemontesischen »heißen Sauce«, die er anlässlich eines seiner Besuche in Italien gerissen hatte: »Wie schön ist es, in ein Kloster einzutreten, um *bagna cauda* zu essen!«

Die Erinnerungen der Chronistin Evangelina Himitian erhellen das Verhältnis des späteren Papstes zu Lebensmitteln und ihrer sozialen Dimension weiter. Himitian beschreibt ein öffentliches Ereignis als »den Tag, an dem ich sah, wie der Erzbischof von Buenos Aires das Essen vermehrte, so wie Jesus Brot und Fisch.« Es war im Oktober 2012 auf einem der großen ökumenischen Treffen, die der Kardinal ins Leben gerufen hatte. Bergoglio war einer der Protagonisten des Tages, doch er mischte sich unter das Volk wie ein ganz gewöhnlicher Gläubiger. Die Leute boten ihm Mate-Tee an, einen heißen Aufguss aus den klein geschnittenen, trockenen Blättern des Mate-Strauchs, der in ganz Südamerika getrunken wird, vor allem aber in Argentinien. Dort sind ihm sogar landesweite Feiertage gewidmet. Als man Bergoglio zum Rednerpodest rief, empfingen ihn die etwa 6000 Anwesenden mit einem ausdauernden Applaus. Wer hätte damals gedacht, dass er fünf Monate später Papst sein würde?

In das Stadion, in dem das ökumenische Treffen stattfand, durfte man keine Lebensmittel mit hinein nehmen. In den Pausen zwischen den einzelnen Vorträgen mussten die Teilnehmer der Versammlung sich in einem provisorisch errichteten, mager ausgestatteten Saal innerhalb des Stadions versorgen: Es gab lediglich *empanadas*, die typischen gefüllten Teigtaschen. Die Organisatoren fragten Bergoglio, ob er sich zurückziehen wolle, um im nahe gelegenen Puerto Madero, einem eleganten, für seine luxuriösen Restaurants bekannten Viertel nicht weit

Mate

Seit den ersten öffentlichen Auftritten von Papst Franziskus interessieren sich viele für den *mate*, einen für Argentinien und ganz Südamerika typischen warmen Aufguss aus Blättern des Mate-Strauchs. Er ist einfach zuzubereiten, man braucht aber die richtige Ausrüstung, damit er wirklich schmeckt, nämlich eine »bombilla«, einen Trinkhalm aus Metall mit einem Sieb am unteren Ende. Sie verhindert, dass man Teepartikel ansaugt. Am besten trinkt man den Tee aus dem »matero« oder »porongo«. Dieses Gefäß besteht aus einem in Südamerika heimischen Flaschenkürbis, der quer zu seiner vertikalen Achse so geteilt wird, dass ein bechergroßes Stück abfällt. Dieses wird ausgehöhlt und getrocknet..

Wenn der *matero* einsatzbereit ist, füllen Sie ihn etwa zur Hälfte mit *yerba mate*, den Mate-Blättern. Halten Sie mit dem Handteller nun die Öffnung zu, drehen Sie den *matero* auf den Kopf und schütteln Sie ihn leicht von oben nach unten. Dadurch trennen Sie die gröberen Stücke der *yerba* von den feinen. Wenn Sie den *matero* vorsichtig erneut drehen, liegen die groben Teile auf seinem Boden. Nun feuchten Sie die *yerba mate* mit kaltem Wasser so an, dass sie aufquillt und eine Paste bildet. Die drücken Sie an eine Seite des Gefäßes, damit ein freier Platz für die *bombilla* entsteht. Gießen Sie heißes, aber nicht kochendes Wasser entlang der *bombilla* in den *matero*. Lassen Sie das Ganze zwei Minuten lang ziehen und trinken Sie es dann ohne zu rühren, denn sonst wirbeln Sie die *yerba* auf. Mate-Blätter gießt man mehrere Male auf: Erst wenn einzelne Blätter oben schwimmen, ist der Mate ausgewaschen.

Man müsse »nicht mit der weltläufigen Logik denken«, sondern mit einer Logik »des Teilens und der Brüderlichkeit«.

vom Stadion, zu speisen. Er lehnte die Einladung höflich ab: Er würde gerne bleiben, um gemeinsam mit den Teilnehmern der Versammlung zu essen. Als acht Journalisten, die das Treffen festhielten, ihre Arbeit getan hatten und endlich etwas essen wollten, war es bereits ziemlich spät. Auf ihrem Weg zum Speisesaal trat Bergoglio ihnen entgegen, begrüßte jeden einzelnen von ihnen und bedankte sich für ihre Anwesenheit, ihre Berichterstattung und die Zusammenarbeit. Als die Reporter sich schließlich gemeinsam an den letzten Tisch setzten, waren die Platten leergefegt. Die Bedienung erschien mit einem Teller, auf dem die letzten fünf *empanadas* lagen – viel zu wenig für acht hungrige Mäuler. Einer schlug vor, die Teigtaschen zu teilen. Bergoglio, der an seinen Tisch an der anderen Seite des Saales zurückgekehrt war, bekam mit, was im Gange war. Da sprang er auf und begann von Tisch zu Tisch zu gehen. Er fragte jeden, ob er fertig gegessen habe, erzählt Evangelina Himitian, die zur Gruppe der hungrigen Journalisten gehörte. » Von Priestern wie Laien sammelte er die übrigen *empanadas* ein. Er legte sie auf einen Teller und brachte sie uns. Wir waren von dieser fürsorglichen Geste tief bewegt. Er hatte unser Essen vermehrt. Dieses kleine Wunder blieb mir im Herzen. Der Mensch, der auf dem Stuhl Petri sitzt, hat eine Not erkannt und sie gelindert, während andere sich ihrer gar nicht bewusst geworden sind.«

Er stellt die Probleme anderer vor seine eigenen. Auch beim Essen. Vor allem, wenn jemand nichts anderes hat als nur das tägliche Brot. Das bekräftigte er auch beim

»Von Priestern wie Laien sammelte er die übrigen empanadas ein. Er legte sie auf einen Teller und brachte sie uns. Wir waren von dieser fürsorglichen Geste tief bewegt.«

Evangelina Himitian, Chronistin und Freundin der Familie Bergoglio

Angelusgebet am 14. August 2014, das er mit einem »Gesegnete Mahlzeit!« beschloss. Er vergegenwärtigte, dass man »nicht mit der weltläufigen Logik denken müsse«, sondern mit einer Logik »des Teilens und der Brüderlichkeit«. Er wies dabei auf das Matthäus-Evangelium und die wundersame Vermehrung von Brot und Fisch hin. »Hätte Jesus die Menschenmassen verabschiedet, wären viele, viele Menschen hungrig geblieben.« Seine Jünger wollten die müden und hungrigen Menschen wegschicken. Aber das hätte das Problem nur vergrößert. Dabei konnte man es durch Teilung der Ressourcen lösen. Hatte er nicht genau das im Stadion von Buenos Aires getan?

Gemeinsam zu essen bedeutet für Bergoglio auch, einen Moment der Entspannung zu genießen und den Rhythmus seiner

> »Ins Restaurant? Keine Rede! Er bevorzugt einfache Gerichte, und während ich sie kochte, ging er mir zur Hand und schälte die Kartoffeln.«

Carla Bracchino Rabezzana, Cousine von Papst Franziskus

dicht getakteten Pflichten zu lockern. *La Nación* berichtete auch, dass er zum Essen gerne mit Familien zusammensitzt, lieber als in Restaurants. Das bestätigt auch Gerardo Martínez, Generalsekretär der Bauarbeiter-Gewerkschaft: Der Erzbischof sei einige Male bei den Essen der Gewerkschaft zu Gast gewesen, weil »er die Familien der Arbeiter kennenlernen wollte«.

Die Anwältin Alicia Oliveira, die während der Diktatur rechtswidrige Verhaftungen anprangerte und die gemeinsam mit dem damaligen Provinzialen der Jesuiten Verfolgte vor dem Regime zu schützen versuchte, erinnert sich, dass der spätere Papst auch diese traurigen und tragischen Zeiten durch eine anständige Versorgung mit Lebensmitteln etwas linderte. Sie habe ihn, so Oliveira, in Villa San Ignazio getroffen, wo sich vor dem Regime Geflüchtete und Oppositionelle versteckt hielten. Obwohl er damit ein großes Risiko einging, hinderte nichts Jorge Mario daran, dort für seine Gäste zu kochen. Einmal bereitete er »ein großes asado«, berichtet Oliveira. Alle aßen den würzigen Braten mit Genuss. Das linderte Spannungen und Ängste, denn es schuf die Illusion von Normalität. Das konnte er natürlich nur, weil er selbst die Normalität zu seinem Lebensstil erkoren hat. Eine seiner Cousinen, Carla Bracchino Rabezzana, bei der er in Turin zu Besuch weilte, berichtete: »Ins Restaurant?

 Papst Franziskus während des Heiligen Jahres 2016 auf dem Petersplatz.

Keine Rede! Er bevorzugt einfache Gerichte, und während ich sie kochte, ging er mir zur Hand und schälte die Kartoffeln.« Er kann sich gut an die Geschmäcker und Essgewohnheiten anderer anpassen, insbesondere, wenn Tradition oder religiöse Gebräuche das verlangen.

Silvina Premat ist eine Journalistin und Autorin, die von *La Nación* damit beauftragt wurde, von den Weihnachtsfeiern des Erzbischofs von Buenos Aires zu erzählen. Sie berichtet: In den letzten Jahren hatte er *la Nochebuena*, die Christnacht, gewöhnlich mit Mitgliedern der jüdischen Gemeinde Lateinamerikas und der Vereinigung

Matambre di pollo

»Matambre« ist die südamerikanische Version des Rollbratens – in diesem Fall handelt es sich um einen aus Hähnchen- oder Putenfleisch.

Zutaten für 4 Personen
2 große Hähnchenbrüste oder 1 Putenbrust (1200 g) ▪ Olivenöl, Salz ▪ 40 g Bauchspeck, dünn geschnitten ▪ 2 EL Semmelbrösel
1 Knoblauchzehe, fein gehackt ▪ ½ Bund Petersilie, fein gehackt ▪ 1 Tomate, in Würfel geschnitten ▪ 150 g Emmentaler oder Schafskäse, gewürfelt ▪ 1 Zwiebel, in Ringe geschnitten ▪ 1 Paprika, in Ringe geschnitten ▪ 1 TL Essig, etwas Zucker
250 ml Gemüsebrühe oder Wasser

Klopfen Sie das Fleisch etwas flach und reiben Sie es beidseitig mit Olivenöl und Salz ein. Dann belegen Sie es mit den Speckscheiben und verteilen Sie alle Zutaten gleichmäßig darauf. Rollen Sie das Fleisch zusammen, binden Sie es mit Küchengarn zu einem Rollbraten und braten Sie es für 1 Stunde bei 200 °C im Ofen.

In der Zwischenzeit dünsten Sie die Zwiebel in Olivenöl an, geben die Paprika hinzu und lassen beides bei schwacher Hitze köcheln. Dann schmecken Sie mit Essig, Salz und Zucker ab. Gießen Sie die Flüssigkeit an und lassen sie etwas einkochen.

Nach 45 Minuten Garzeit geben Sie das Gemüse über die Hühnerroulade, lassen das Ganze weitere 15 Minuten schmurgeln und schneiden dann den Braten zum Servieren in zwei Finger breite Scheiben.

argentinischer Israeliten gefeiert. Sobald er die Messe beendet hatte, lud er seine Gäste »auf ein bescheidenes Mahl« zu sich ein. »Getränke und *tramezzini di formaggio*, natürlich ohne Schinken, aus Rücksicht auf die jüdischen Gebote.« Danach folgten die weihnachtlichen Glückwünsche und man stieß mit *spumante* an – einem Getränk, das wie man weiß, aus Italien stammt. Es gibt auch interessante Aufzeichnungen über das letzte Weihnachtsfest, das Bergoglio in seiner argentinischen Heimat feierte. Hatte er womöglich Vorahnungen, dass sein Leben sich von Grund auf verändern würde?

Am 24. Dezember 2012 wollte er diesem kleinen Empfang mit Sandwiches jedenfalls einen anderen Touch geben. Alejandro Russo, der Rektor der hauptstädtischen Kathedrale, erinnert sich, dass der Erzbischof ein kleines Essen organisieren wollte. Dazu hatte er auch vier Herren eingeladen, die gewöhnlich mit den Priestern zusammenarbeiten. »Eine besondere Aufmerksamkeit, um sich bei ihnen für die geleistete Arbeit zu bedanken.« Don Alejandro hat das Menu noch präsent: »Reis mit Krebsen, *matrambe di pollo*, gefüllte Eier und Salat.« Danach »Eis zum Dessert«, gefolgt vom traditionellen Anstoßen mit dem heimischen *spumante*.

Wie Bergoglio den ersten Feiertag verbrachte, darüber zirkulieren unterschiedliche Versionen. Er benachrichtigte jeweils seine Mitarbeiter, dass er nicht da sein würde und dass folglich auch kein Mittag- oder Abendessen vorgesehen sei. Später erfuhr man dann, dass er Gefangene besucht hatte,

Die ersten Zeichen für einen radikalen Wandel zeigten sich in dem Moment, als der neu gewählte Papst die weiße Soutane und die weiße Mozzetta anzog.

Menschen, die über die Feiertage im Krankenhaus liegen mussten oder ein Elendsviertel in einer der Vorstädte.

Silvina Premat schreibt, dass der Kardinal Weihnachten und Ostern Priester und Kranke im Altersheim für Priester im Flores-Viertel besuchte, »in dem er selbst ein Zimmer reserviert hatte, in dem er seinen Ruhestand verbringen wollte«. Zu diesen Besuchen brachte er Heiligenbilder mit, persönliche Briefe, Wein. Häufig ließ er auch Schweine- oder Rindfleischgerichte für diese Gelegenheiten vorbereiten.

Besonderen Anlass zu Spekulationen bietet die Tatsache, dass dieses Zimmer von ihm bisher nicht gekündigt wurde, auch nicht nach dem 13. März 2013, dem Tag seiner Wahl ... Natürlich kann seit dem Rücktritt von Papst Benedikt XVI. – noch nie ging vor ihm ein Papst in Rente – alles auf dem Stuhl Petri passieren. Auch dass der Papst für den Ruhestand zurück in sein Land geht und den Stab an einen neuen Amtsinhaber weiterreicht. Fantastereien? Nicht, wenn man sich die »Revolution« ansieht, die Franziskus angestoßen hat.

Die ersten »Zeichen« eines grundlegenden Wandels konnte man schon in dem Moment lesen, als er weiß gekleidet auf den Balkon am Petersplatz trat. Am selben Abend schon ignorierte er weitere Formalitäten und Fragen des Protokolls. Er stieg nicht

in die Limousine mit dem Nummernschild SCV1, um sich für das übliche Gastmahl der Kardinäle »post Conclave« zur Casa Santa Marta fahren zu lassen, sondern nahm mit seinen »Wählern« sozusagen gemeinsam den Bus. Auch sein erstes Abendessen verlief nicht wie geplant: ein Teller Pasta, Gemüse und zum Abschluss, verriet der Erzbischof von New York, Kardinal Timothy Dolan, ein Toast auf Franziskus. Er erhob sich, bedankte sich seinerseits bei den Kardinälen und schalt sie scherzhaft ob ihrer Wahl: »Gott möge sie Euch vergeben!«

Sein Ex-Pressesprecher, Padre Federico Lombardi, Chef im Presseamt des Heiligen Stuhls in den ersten Amtstagen Bergoglios, berichtet, Franziskus habe beschlossen, die Mensa der Casa Santa Marta »auszukosten«, wie alle anderen. Da er dieses Gästehaus auch zum Wohnsitz genommen habe, würde ihm nicht in den päpstlichen Gemächern des Apostolischen Palastes serviert – außer bei offiziellen Anlässen. Lombardi verlautbarte, dass der Papst »kommt, wenn die Kardinäle schon Platz genommen haben. Er setzt sich dann dorthin, wo noch ein leerer Stuhl ist, denn er hat keinen besonderen Sitzplatz.« Das bestätigt auch das Servicepersonal. Wenn Franziskus eintritt, grüßt er alle herzlich.

Es kommt vor, dass er verweilt, um mit Angestellten zu sprechen. Er spart nicht mit Lächeln und Segnungen. Er richtet sich dort ein, wo es passt und abends, wenn nur noch die Selbstbedienung geöffnet hat, greift auch er zum Tablett und stellt sich in die Reihe vor die Vitrinen. Mittags wie abends isst er das,

Schweineschnitzel mit Erbsen und Paprika

Ein schmackhaftes, leichtes Essen – einfach zuzubereiten und passend für jede Gelegenheit.

Zutaten für 4 Personen
1 Zwiebel ▪ 1 gelbe und 1 rote Paprika Olivenöl ▪ 250 g grüne Erbsen (frisch oder TK) ▪ Salz ▪ Pfeffer ▪ 500 g Schweinelende 3 EL Mehl

Putzen, waschen und schälen Sie die Zwiebel und die Paprika. Schneiden Sie das Gemüse in feine Streifen.

Lassen Sie die Zwiebel in einer Pfanne mit etwas Olivenöl glasig werden. Fügen Sie dann die Paprika hinzu, braten alles kurz an und reduzieren dann die Hitze. Dünsten Sie das Gemüse etwa 10 Minuten und fügen Sie ggf. etwas Wasser zu. Dann geben Sie die Erbsen hinein, würzen mit Salz und Pfeffer und dünsten das Ganze weitere 5–10 Minuten, bis die Erbsen weich sind.

Inzwischen schneiden Sie die Lende in dünne Schnitzel und wenden diese in Mehl. Anschließend klopfen Sie das Mehl etwas ab und braten die Schnitzel portionsweise in einer zweiten Pfanne in etwas Olivenöl. Wenn die Schnitzel gar sind, geben Sie das Gemüse darüber. Schmecken Sie mit Salz und Pfeffer nochmals ab und lassen Sie alles zugedeckt noch 5 Minuten auf kleiner Flamme ziehen.

Artischocken
jüdische Art

Zutaten für 4 Personen
4 römische Artischocken, größere runde
Form ▪ Saft einer Zitrone ▪ Salz ▪ Pfeffer
Olivenöl

Entfernen Sie den Stiel und die harten, violetten
Außenblätter von den Artischocken. Dann
schneiden Sie mit einem scharfen Messer das
obere Drittel des Blütenkopfs quer ab. Geben Sie
die Artischocken kopfüber in einen Topf mit
kaltem Wasser und dem Saft einer Zitrone und
lassen Sie sie eine Viertelstunde darin liegen. Das
verhindert, dass sie sich später dunkel färben.
Danach lassen Sie sie kopfüber gut abtropfen und
reiben sie innen mit Salz und Pfeffer ein. Betten Sie
sie nebeneinander in eine Pfanne, die mit Olivenöl
gefüllt ist. Lassen Sie sie darin etwa 20 Minuten
leise simmern, bis sie weich sind.

Anschließend nehmen Sie die Artischocken aus
dem Öl, lassen Sie sie erneut kopfüber abtropfen
und drücken Sie sie auf einer Arbeitsfläche etwas
flach, so dass sich ihre Blätter leicht öffnen.

Nun erhitzen Sie ausreichend Olivenöl in einer
hohen Pfanne oder einem Topf und frittieren
Sie die Artischocken nacheinander jeweils für
2–3 Minuten, erst kopfüber, dann kopfunter,
damit sie gleichmäßig Farbe nehmen. Vor dem
Servieren noch einmal gut abtropfen lassen.

was auch die Gäste und das Personal des
Vatikans bekommen. Keine Sonderbehand-
lung oder speziellen Wünsche.

Auf der Karte der Mensa der Casa Santa
Marta stehen Gemüsesuppen, Nudelgerichte
(auch überbacken), Braten, Beilagen je nach
Jahreszeit. Alles maßvoll. Zum Ende der
Mahlzeit wird von den Nonnen der »Genos-
senschaft der Töchter der christlichen
Liebe«, den Betreiberinnen der Mensa, ein
Digestif wie ein Grappa gereicht. Es ist der
einzige »Verstoß« gegen die Mäßigkeit in der
päpstlichen Mensa, doch er hat schon einige
überrascht, z.B. den Journalisten José
Manuel Vidal, Leiter der Zeitschrift *Religión
Digital*. Beeindruckt von der Einfachheit der
Gerichte – ein Teller mit Nudeln, Schnitzel
und Paprikagemüse, danach Früchte und
Kaffee – lautete sein Kommentar: »Hier also
gibt es ein Menü für unter 10 Euro!«

Wie in Buenos Aires passt Franziskus sich
den Gegebenheiten an und hat kein Problem
damit, seine Gewohnheiten zu ändern. Das
zeigte sich auch bei dem Treffen einer
Delegation aus Argentinien mit Vertretern
der jüdischen Gemeinde. Man hatte ein
koscheres Menu mit Spezialitäten aus der
jüdisch-römischen Küche vorgeschlagen, das
die Köche des »Ba'Ghetto«, eines Restaurants im Herzen des jüdischen Viertels von
Rom, zubereiten sollten. Einer der Besitzer,
Amit Dabush, hatte mithilfe seines Bruders
das Essen ins Auto geladen und in den
Vatikan gefahren. Er berichtete, dass
Bergoglio »alles probierte, was wir anliefer-
ten: Artischocken jüdische Art, Sardellen mit
Endivie, gegrillte Zucchini«. Der Heilige

Vater meinte später, dass »ihm die Pistazien-
mousse sehr gut geschmeckt habe. Er sei
überaus freundlich gewesen. Ein sehr
sympathischer und zugänglicher Papst, der
sich sogar mit mir und meinem Bruder
fotografieren ließ. Für uns war es eine Ehre,
ihn zu bekochen.« Es war nicht das erste
Mal, dass das »Ba'Ghetto« im Vatikan
servierte, wohl aber das erste Mal, dass ein
Papst den Kiddusch, einen hebräischen
Segensspruch, über einem mit Wein gefüllten Kiddusbecher sprechen ließ.

Wie so manches andere kann auch der
Dialog zwischen den Religionen durch das
Essen erleichtert werden.

Rund um die Mensa der Casa Santa Marta
wurden, so scheint es, die letzten beiden
Papstwahlen »vorbereitet«. Zuvor waren die
Teilnehmer des Konklaves in der Sixtini-
schen Kapelle geblieben. Doch zur Papstwahl 2005, aus der Benedikt XVI. hervorging,
wurden sie im *Domus* empfangen. Genauso
2013. Man kann nicht ausschließen, dass die
gemeinsamen Mittag- und Abendessen sowie
das gesellige Beisammensein an den Tischen
zum Konsens über die Wahl beitrugen – natürlich unterstützt vom Heiligen Geist.

Wie ein Prälat trocken bemerkte: »Seit
dem Letzten Abendmahl werden die wichtigen Entscheidungen der Kirche beim Essen
getroffen!«

Pistazien-Mousse

Ein einfaches Rezept, für ein köstiches und zugleich
gesundes Dessert, das mit wenigen Handgriffen
zubereitet ist. Sie brauchen dafür eine Bain-Marie
oder einen Kochtopf, in den sich eine Metallschüssel einhängen lässt.

Zutaten für 4 Personen
150 g Sahne ▪ 3 Eier ▪ 80 g Zucker
100 g Pistazien, fein gehackt

Schlagen Sie die Sahne steif und stellen sie kalt.

Dann schlagen Sie die Eier in eine Metallschüssel,
fügen den Zucker hinzu und schlagen die Masse
mit dem Schneebesen oder Handrührgerät auf.

Bringen Sie nun in einem Topf, der etwas größer ist
als die Metallschüssel Wasser zum Kochen.
Reduzieren Sie die Hitze, so dass das Wasser
gleichmäßig simmert. Dann hängen Sie die
Schüssel so in den Kochtopf, dass sie den
Wasserspiegel nicht berührt. Schlagen Sie die
Ei-Zucker-Masse bis sie sich auf etwa 45–50 °C
erwärmt hat. Sie sollte hellgelb und schaumig sein.
Nehmen Sie dann die Schüssel aus dem Topf,
stellen diese in ein kaltes Wasserbad (ggf. ein paar
Eiswürfel dazugeben) und rühren Sie die Masse, bis
sie sich auf ca. 35–40 °C abgekühlt hat.

Ziehen Sie nun die steif geschlagene Sahne und
80 g der gehackten Pistazien unter die Eimasse.
Füllen Sie die Masse in Portionsschälchen und
lassen Sie sie eine, besser zwei Stunden im
Kühlschrank abkühlen.

Zum Servieren bestreuen Sie das Dessert mit den
restlichen gehackten Pistazien.

6.

Ein Kotelett Mailänder Art bekundet Solidarität

Die Casa Santa Marta ist auch eine Warte, von der aus Papst Franziskus die Welt und ihr sogenanntes reales Leben betrachtet. Die täglichen Rituale von Frühstück, Mittag- und Abendessen gestatten ihm eine Nähe zu den Menschen, zu ihren Problemen und zu Geschehnissen, die schwerlich durch die beeindruckenden, aber abweisenden Gemäuer des Apostolischen Palastes zu ihm durchdrängen. Im *Domus Sanctae Marthae*, das im Schatten der Kuppel des Petersdoms liegt, sind eine Menge Menschen einquartiert, die in den Sekretariaten des Vatikans arbeiten, dazu Laien-Funktionäre, Bischöfe, Kardinäle, die nach Rom kommen, um kirchenrechtliche Vorgänge abzuwickeln oder seelsorgerliche Treffen abzuhalten. In ihrem Jargon ist das Domus einfach die »Herberge«. Gerne mischt Franziskus sich ins Kommen und Gehen, das dort herrscht.

Mehr als einmal sagte er, es sei für ihn spürbar notwendig.

Es ist sicher kein Zufall, dass die Herberge nach der Heiligen der Köche benannt ist: Martha. Das Lukas-Evangelium beschreibt sie als »Herrin«. So lautet auch die Bedeutung ihres Namens im Aramäischen. Martha nimmt Jesus in ihr Haus auf und bewirtet ihn.

Die Säle und Flure des Gästehauses Santa Marta erlauben es Bergoglio, seinen Blick auf das Leben der Menschen zu werfen. Vor allem zu den Mahlzeiten. Und andersherum haben die Menschen die Möglichkeit, einen Papst aus der Nähe zu beobachten, wie er seine Suppe oder seinen Braten isst – bis dato unvorstellbar. Eine ungeschriebene Regel jedoch ist dabei zu beachten: Es ist nicht erlaubt, den Papst in solchen Momenten zu fotografieren, es sei denn, es handelt

sich um ein »offizielles« Mittag- oder Abendessen. In solchen Fällen dürfen die Fotografen des *Osservatore Romano*, der amtlichen Tageszeitung des Apostolischen Stuhls, Bilder zur Dokumentation und für die Chroniken schießen. Der Kommentar in der Casa Santa Marta dazu lautet: »Der Papst möchte nicht als Attraktion wahrgenommen werden.«

Richtig und verständlich. Natürlich ist es schon passiert, dass dieses Verbot umgangen wurde und jemand den Papst ablichtete, als er in den Speisesaal trat und seine kleinen scherzhaften Bemerkungen mit den Angestellten des Vatikans austauschte. Diese Bilder, meist etwas verwackelt, kursieren seitdem im Internet, als »heuchlerische Exklusivmeldungen« über die »Genügsamkeit des Papstes in der Mensa von Santa Marta«. Einem Monsignore gefiel es, mit seinem Mobiltelefon ein Foto der Serviette des Heiligen Vaters zu schießen. Man erkennt sie, weil eine Nonne mit blauem Garn »P. Franziskus« darauf gestickt hat.

Natürlich könnte man vermuten, dass die entwaffnende Normalität eines Papstes, der mit gewöhnlichen Sterblichen gemeinsam speist, dazu da sei, die Paparazzi zufriedenzustellen. Aber bei Bergoglio liegt man mit dieser Annahme falsch. Denn tatsächlich zeigt sich seine »Revolution« eben auch in der Art, wie sich seine Anwesenheit im Gästehaus gestaltet. Erhellend ist, was Monsignore Salvatore Nunnari im April 2013 widerfuhr: Damals war er noch Erzbischof von Cosenza und Franziskus seit einem Monat Papst.

> »Begnügen Sie sich nicht mit einem Lächeln des Papstes. Gehen Sie lieber zum Essen, bevor die Küche schließt.«

Papst Franziskus zu Monsignor Salvatore Nunnari, damals Erzbischof von Cosenza, im April 2013.

Der Prälat war am 21. April im Gästehaus Santa Marta angekommen. An der Rezeption hatte er gerade die Formalitäten hinter sich gebracht und ein Zimmer zugewiesen bekommen. Mit seinem Trolley war er auf dem Weg zum Lift, als er im Flur auf Bergoglio traf, der soeben den Speisesaal verlassen hatte. Sichtlich überrascht verbeugte Nunnari sich vor dem Pontifex, der ihn fragte woher er käme. »Cosenza«, erwiderte der Erzbischof. Und der in Geographie beschlagene Bergoglio fragte ihn: »Cosenza? Aus Kalabrien? Also haben Sie eine lange Reise hinter sich!« Richtung Mensa weisend fuhr er fort: »Begnügen Sie sich nicht mit dem Lächeln des Papstes, gehen Sie lieber zum Essen, bevor die Küche schließt!«

Selbstverständlich befolgte Nunnari diesen Rat. Wann wäre jemandem früher eine solche Aufmerksamkeit vonseiten eines Papstes zuteil geworden? Doch nie hätte Nunnari sich erträumt, was tags darauf geschah: Am frühen Morgen fand er an der Rezeption einen Brief mit der Aufschrift »wichtig«, darin eine handschriftliches Notiz von Don Alfred Xuereb, damals Privatsekretär von Franziskus. Wenige Zeilen, schnell und präzise: »Der Heilige Vater wünscht Sie beim heutigen Abendessen um 20.00 Uhr im Speisesaal von Santa Marta an seinem Tisch zu sehen. Auch seine Eminenz Francesco Moraglia wird anwesend sein. Danke!« Nunnari war verblüfft. Zum Abendessen beim Papst, einfach so, aus dem Stegreif!

Es weht wirklich ein neuer Wind im Vatikan. Casa Santa Marta war und ist für Franziskus ein allen Menschen offen stehendes Zuhause, gerade auch die Mensa. Deren Speisekarte übrigens zeigt nie eine übertrieben lange Liste von Gerichten. Ihr Angebot spiegelt die Jahreszeiten wider – vor allem bei Früchten und Gemüse. Da stehen Fusilli, Rigatoni, Maccheroncini – die sogenannte *pasta corta*, mit Sugo servierte kleine Nudeln. Auch die Risotti fehlen nicht. Für die Hauptgerichte ist oft Fleisch vorgesehen, gegrillte Puten- oder Hühnerschnitzel oder unterschiedlich zubereitetes Schweine-

Gemüse-Frittata

Hier das Rezept für eine klassische Frittata mit Gemüse. Damit dieses Omelette wirklich mundet, muss das Gemüse ganz frisch sein. Die Zutaten wechseln also je nach Jahreszeit.

Zutaten für 2 (Hauptspeise) oder 4 Personen (Vorspeise)
1 Zucchini ▪ 10 kleine Tomaten ▪ ½ gelbe Paprika ▪ Salz ▪ Pfeffer ▪ 4 Eier
60 ml Milch ▪ frische Kräuter, gehackt (z. B. Schnittlauch, Minze, Majoran) ▪ 30 g Butter

Als erstes putzen, waschen und schneiden Sie das Gemüse: In unserem Fall schneiden Sie die Zucchini in Scheiben, die Tomaten in Würfel und die Paprika in Streifen. Salzen und pfeffern Sie das Gemüse und dünsten Sie es in einer Pfanne einige Minuten an, bis es bissfest gegart ist. Anschließend lassen Sie das Gemüse etwas abkühlen.

In der Zwischenzeit verquirlen Sie die Eier mit der Milch, etwas Salz und einer Prise Pfeffer. Geben Sie das gedünstete Gemüse dazu und würzen Sie die Mischung mit den Kräutern.

Erhitzen Sie die Butter in einer Pfanne, gießen Sie die Ei-Gemüse-Mischung hinein und lassen Sie das Ganze stocken. Zum Servieren geben Sie noch ein paar frische Kräuter auf die Frittata.

und Rindfleisch. In der vierzigtägigen Fastenzeit vor Ostern sowie an den Quatembertagen – den Bußtagen nach dem Fest der Heiligen Luzia (13. Dezember), nach Aschermittwoch, Pfingsten und der Kreuzerhöhung (14. September) – gibt es Fisch, Omelett und Käse. Auch Desserts sind dann von der Karte verbannt. Sie tauchen erst am Osterfest wieder auf. Die Küche richtet sich nach dem liturgischen Kalender und achtet auf Mäßigung – immerhin eine der vier Kardinalstugenden.

Sie sind ungezählt, diejenigen, die hier mit Bergoglio jenseits des Protokolls, das mittlerweile nur noch Staatsoberhäuptern zugestanden ist, gespeist haben. Eine lange Prozession lächelnder Gesichter, in der Freunde – zumeist argentinische – mit Unbekannten abwechselten, alle eingeladen, um dem Essen »einen Sinn« zu geben, den der Gemeinsamkeit, den des Zuhörens. Momente, die noch immer für Wirbel sorgen, auch und gerade im Papstpalast, dessen Angestellte sich gezwungenermaßen an Franziskus' Stil und Rhythmus anpassen mussten. Nicht einfach für die, die sich nach dem unnahbaren Pomp früherer Zeiten zurücksehnen.

Viel Rumoren hinter den Kulissen löste beispielsweise Franziskus' Feier seines 77. Geburtstags am 17. Dezember 2013 aus: Zu seinem Frühstück lud er drei Obdachlose ein. Der Leiter der Apostolischen Almosenverwaltung, Monsignore Konrad Krajewski, weckte sie am frühen Morgen unter dem Portikus vor dem Presseamt des Vatikans, wo die Wohnsitzlosen gewöhnlich unter

Es sind mittlerweile Unzählige, die mit Papst Franziskus gesellige Stunden in der Casa Santa Marta geteilt haben.

Decken und auf Pappkartons nächtigen. Es war ein nicht-öffentliches Frühstück, von dem nur wenige Fotos existieren. Eine typische »colazione all'Italiana« mit Kaffee, Milch, Fruchtsaft, süßem Kleingebäck, Keksen, Marmelade und frischen Früchten.

Dasselbe wiederholte sich in den folgenden Jahren und hat mittlerweile Tradition: Zu seinem 80. Geburtstag frühstückte Franziskus gemeinsam mit acht Obdachlosen, darunter zwei Frauen. Sie kamen pünktlich um 7.15 Uhr in die Casa Santa Marta und beschenkten den Papst mit Sonnenblumen, die sie später in der Kapelle niederlegten, wo Franziskus die Morgenmesse zelebrierte. Der Heilige Vater begrüßte sie mit seiner gewohnten Herzlichkeit. Sie folgten ihm in den Speisesaal, in dem heiße Getränke, Fruchtsäfte und vor allem argentinische Süßigkeiten, wie die *alfajores*, serviert wurden. Man weiß, dass der Papst sich dieses Gebäck zu seinem Geburtstag gewünscht hat. Man weiß auch, dass in den römischen Kantinen der Caritas an diesem Tag als Dessert ein Stück Geburtstagstorte gereicht wurde.

Im Gedächtnis bleibt auch der 25. August 2016, als Franziskus die Klarissinnen von Santa Maria di Vallegloria in Spello empfing, um mit ihnen zu Mittag zu essen. Für einen Tag verließen die 20 Klosterschwestern ihre Diözese Foligno in Umbrien – ein vollkommen außergewöhnlicher Vorgang per se. Der gesamte Speisesaal war für die Nonnen reserviert, die nach dem schweren Erdbeben in Mittelitalien 1997 gezwungen waren, 14 Jahre lang in Zelten und Containern zu leben, weil auch ihr Kloster nicht mehr bewohnbar war. Die Speisefolge auch dieses Essens war einfach: Ein Risotto als »primo«, gebratenes Fleisch als »secondo«, dazu Gemüse und Früchte. Anders als sonst waren die Tische hufeisenförmig aufgebaut, sodass jede Schwester den Papst sehen und ihn ansprechen konnte.

Genauso organisierte man das Essen, zu dem Bergoglio im November 2016 überraschend die syrischen Flüchtlingsfamilien

Der weiß gekleidete Papst zwischen lauter Blaumännern ergab ein für Franziskus bezeichnendes Bild.

einlud, die nach seinem Besuch auf der griechischen Insel Lesbos mit ihm nach Rom geflogen waren. Bei seinen Kritikern war das nicht gut angekommen, dabei gibt es kein deutlicheres Zeichen für seine Botschaft von Hoffnung, Miteinander, für Ökumene und Frieden – auch zwischen den Religionen. »Diese Botschaft ist so großartig, dass wir kaum Worte finden«, formulierte die Wortführerin der geflüchteten Familien, Suhila Ayiad, im Namen aller. Gegessen wurde, wie immer, genügsam: Fisch, die unverzichtbaren Nudeln mit Tomatensugo und Pommes für die Kleinsten.

Es kam auch schon vor, dass der Papst sich selbst einlud, nämlich in die Kantine, in der die im Vatikan beschäftigten Handwerker essen. Sie liegt neben der Apotheke in einem historischen, entkernten Gebäude, das innen vollkommen umgebaut wurde. Hier befinden sich unter anderem die zentralen Heizungs- und Klimaanlagen, Werkstätten für die hydraulischen Anlagen und die Schreinerei. Bis zu 200 Essen täglich gibt diese Kantine vor allem an Lageristen, Schreiner und Mechaniker der hydraulischen und elektrischen Anlagen aus. Keiner von ihnen hat den Tag vergessen, als Franziskus das erste Mal mitten unter ihnen auftauchte, den 25. Juli 2014. Es war kurz nach zwölf, die Tische großteils besetzt.

Plötzlich verstummte das Stimmengewirr, als der Papst die Kantine betrat, sich Tablett und Besteck nahm und sich in die Schlange für die Selbstbedienung einreihte, wie alle anderen. Er war ohne Begleitung gekommen, sein Kammerdiener Sandro Mariotti hatte ihn mit dem Auto gebracht. »Er nahm *Fusilli in bianco* (Spiralnudeln mit Olivenöl und Parmesan), eine Portion Kabeljau, gratiniertes Gemüse und ein paar Pommes. Ich hatte nicht den Mut, ihm die Rechnung zu präsentieren«, erzählte die Kassiererin Claudia Di Giacomo später der Tageszeitung *Osservatore Romano*. Danach ging der Papst ruhig zwischen den Tischen hindurch, bis sich bei den Lageristen ein freier Platz fand. Ein Mann in Weiß zwischen lauter Blaumännern. Ein poetisches, beinahe filmreifes Bild, das mehr über dieses Pontifikat aussagt als jedes Traktat. Beim Essen sprach er mit den Handwerkern über dieses und jenes. Sie berichteten über ihre unterschiedlichen Obliegenheiten und wie sie ihnen nachgehen. Sie sprachen auch über Politik, die Wirtschaftskrise und über Fußball. Und siehe da: Der Papst, ein großer Fan des argentinischen Spitzenklubs San Lorenzo di Almagro, war voll auf dem Laufenden über die jüngsten Leistungen seines Lieblingsvereins.

Ein Kantinenessen zum Einrahmen. Natürlich beendeten es die unvermeidbaren Selfies, die sofort ins Netz gestellt wurden, reichlich versehen mit Anmerkungen zu diesem improvisierten Besuch und umgehend von den Presseagenturen aufgegriffen. Der Koch der vatikanischen Mensa, Franco

Gratiniertes Gemüse

Gratiniertes Gemüse ist zu jeder Jahreszeit eine großartige und vielseitige Beilage, unter der Bedingung, dass man dafür Gemüse der Saison auswählt. Nur so kommt man in den vollen Genuss dieses Gerichts. Wir haben uns für rote und gelbe Peperoni, Zucchini, Auberginen, rote Zwiebeln und Kürbis entschieden.

Zutaten für 4 bis 6 Personen
1 rote und 1 gelbe Paprika ▪ 2 Zucchini
1 kleine Aubergine ▪ 1 rote Zwiebel
200 g Kürbis nach Wahl ▪ Olivenöl ▪ Salz,
Pfeffer ▪ 2 Scheiben altbackenes Weißbrot
½ Bund Petersilie ▪ 1 Knoblauchzehe
1 Prise Oregano

Waschen und putzen Sie das Gemüse. Schneiden Sie es in etwa gleich große Stücke, die Sie auf ein tiefes Backblech oder in eine flache Auflaufform geben. Würzen Sie die Gemüsestücke mit Olivenöl, Salz und Pfeffer und mischen Sie sie gut durch. Schieben Sie das Blech oder die Auflaufform für ca. 20 Minuten in den auf 180 °C vorgeheizten Backofen.

In der Zwischenzeit schneiden Sie die Brotscheiben in grobe Würfel, geben sie zusammen mit der Petersilie und der abgezogenen Knoblauchzehe in einen Mixer und hacken alles zusammen grob.

Nehmen Sie das Gemüse aus dem Ofen und bestreuen Sie es mit den Brot-Kräuter-Bröseln. Würzen Sie es mit einer Prise (möglichst frischem) Oregano und backen Sie es noch weitere 10 Minuten im Ofen. Sofort servieren.

> Das Domus Sanctae Marthae ist wie eine große Tafel, an der in den letzten Jahren die ganze Welt Platz genommen hat.

Paini, hätte sicher aufwändiger gekocht, hätte er das geahnt. Aber Franziskus gefiel gerade die Alltäglichkeit. Sieht er sich doch selbst als einen einfachen Arbeiter Gottes. »Wir waren alle vollkommen überrascht, vor allem war es eine unglaubliche Genugtuung ...«, so Paini.

So sind sie, die kleinen großen Geschichten, die sich rund um den Alltag der Casa Santa Marta abspielen, der normalerweise von der Watte der Diskretion gedämpft wird. Außergewöhnliche Ereignisse verletzen hier nur gelegentlich den Nimbus der Zurückhaltung. So geschehen, als der Papst ein Ehepaar aus Chieti, einer Universtitätsstadt in der Region Abruzzen, traf. Es brachte seine kleine Tochter Noemi mit. Noemi leidet unter SMA – Spinaler Muskelatrophie –, einer degenerativen Krankheit des Nervensystems. Die Familie nahm das Mittag- und

Abendessen mit Franziskus ein und blieb auch über Nacht. Zwei unvergessliche Tage.

Die Casa Santa Marta ist wie ein großer Tisch, an den sich in den letzten Jahren die ganze Welt gesetzt und ihre Probleme offenbart hat, vereint im gemeinsamen Wunsch nach dem Gespräch, nach einer besseren Gesellschaft, nach einem Ende aller Konflikte.

Eine solche Konfliktlösung passiert übrigens in einem von Bergoglio sehr geschätzten Film: »Babettes Fest« nach einer Erzählung der dänischen Schriftstellerin Tania Blixen (1885–1962). Ihre Verfilmung durch Gabriel Axel, 1988 ausgezeichnet mit dem Oscar für den besten ausländischen Film, drückt genau das aus, was der Papst aus Argentinien als den Sinn gemeinsamen Essens sieht. Die ausgesuchten Gerichte werden zum Mittel, um die Strenge, das

Formale, die Verschlossenheit, das Schweigen, das Ungenügen und die Zwietracht der Gemeinde offenzulegen, all das, was Bergoglio als »übersteigerten calvinistischen Purismus« bezeichnet. Eine unüberwindliche Hürde für den Genuss am Essen, der doch ein menschliches Grundbedürfnis ist. Denn, so Jean Anthelme Brillat-Savarin (1755–1826), französischer Schriftsteller und Gastrosoph, Autor der »Physiologie des Geschmacks«, eines Lehrbuchs über die Tafelfreunden, das in Europa wesentlich zur Entwicklung der Kochkunst beitrug. »Jemanden einladen heißt, ihn zu beglücken, und zwar so lange, wie er unter unserem Dach weilt.« In dem Film lässt Madame Babette ihr gastronomisches Talent in einem Menü erlesener Gerichte spielen: Schildkrötensuppe, Blinis Demidoff, *Cailles en Sarcophage*, Salat, gemischte Käseplatte, gefolgt von

Passiert im Übrigen nicht genau das in einem der Lieblingsfilme Bergoglios, »Babettes Fest« nach einer Novelle von Tania Blixen?

Savarin

Zutaten
560 g Mehl ▪ ½ Tüte Trockenhefe oder
½ Würfel frische Hefe ▪ 120 ml Milch
100 ml Sahne ▪ 4 Eier ▪ 330 g Zucker
10 g Salz ▪ 150 g Butter + Butter für die
Form ▪ abgeriebene Schale von 2 unbehandelten Orangen ▪ abgeriebene Schale von
1 unbehandelten Zitrone ▪ 50 ml Rum

Bereiten Sie zunächst einen Vorteig zu: Vermischen Sie 160 g Mehl mit der Hefe, fügen Sie die Milch sowie 1 TL Zucker hinzu und verrühren Sie alles zu einer homogenen Masse. Decken Sie die Schüssel ab und lassen Sie den Teig an einem warmen Ort 1 Stunde gehen, bis er sein Volumen verdoppelt hat.

Dann arbeiten Sie (mit den Knethaken des Handrührgeräts) das restliche Mehl, die Sahne, die Eier und 80 g Zucker ein. Zuletzt fügen Sie die Butter und das Salz hinzu. Kneten Sie, bis der Teig gleichmäßig und weich ist und geben Sie ihn in eine gut gebutterte Kuchenform (26 cm Durchmesser). Die Form sollte dabei etwa halbvoll werden. Nun lassen Sie den Teig erneut 1,5 Stunden gehen. Dann füllt er die Form vollständig aus. Backen Sie den Kuchen etwa 20–30 Minuten im auf 180 °C vorgeheizten Ofen. Stürzen Sie ihn auf ein Kuchengitter und lassen Sie ihn abkühlen.

Bringen Sie 500 ml Wasser mit dem restlichen Zucker, der Orangen- und der Zitronenschale zum Kochen und lassen sie es anschließend wieder abkühlen. Dann rühren Sie den Rum hinein und tauchen den Kuchen in die Flüssigkeit, bis er sich vollgesogen hat. Lassen Sie ihn kurz auf dem Gitter abtropfen. Bevor Sie ihn servieren, verzieren Sie ihn mit Schlagsahne und klein geschnittenem Obst der Saison.

Savarin – einem in Rum getränkten Hefeteigkuchen, erfunden von oben genanntem Feinschmecker –, Früchte, Kaffee mit Trüffeln, leckeres Naschwerk – bei uns wären es Delikatessen wie Pinienplätzchen, Mürbeteigplätzchen und Amaretti. Exquisit auch Babettes Wahl an Getränken: Sherry Amontillado, ein Rotwein Clos de Vougeot und Champagner der Marke Veuve Cliquot.

Es nimmt nicht wunder, dass Babette und ihre hohe Kochkunst Jorge Mario Bergoglio faszinieren. Im Film stellt einer der Protagonisten, General Löwenhjelm, fest dass bei diesem Menü »Erbarmen und Wahrheit« einander begegnet seien: »Rechtschaffenheit und Seligkeit sind zusammengekommen in einem Kuss!« Genau so, meint Franziskus, sollte man beim Essen zusammensitzen. Das ist seine christliche und menschliche Vision: »Es gibt kein Fest ohne Solidarität, so wie es keine Solidarität ohne ein Fest gibt.« Diese Sätze sagte er in Mailand vor über 80 000 Jugendlichen im Stadion von San Siro. Er hatte ihnen die »Geschichte vom Kotelett Mailänder Art« geschildert.

Im Zusammenhang mit diesem für die ambrosische Tradition so typischen Gericht – in Argentinien heißen diese Koteletts übrigens *milanesas* – steht »eine Begebenheit, die ich in Buenos Aires erlebt habe«. Eine Mutter saß mit ihren drei Kindern, die sechs, viereinhalb und drei Jahre alt waren, beim Mittagessen. Der Vater war in der Arbeit. Es gab *costolette alla milanese* – panierte Koteletts. »Das weiß ich genau, denn die Mutter hat es mir erzählt.« Jedes Kind hatte ein Schnitzel auf seinem Teller.

Da klopfte es an der Tür. Das Größte ging öffnen, kam zurück und berichtete, dass draußen ein Armer stünde, der hungrig sei. Die Mutter fragte: »Was machen wir? Geben wir ihm etwas oder nicht?« Einmütig antworteten die drei: »Natürlich geben wir ihm etwas.« Dabei gingen ihre Blicke zur Pfanne, in der weitere Schnitzel lagen. »Sehr gut«, sagte die Mutter, »wir machen ihm belegte Brote: Jeder schneidet sein Schnitzel in der Mitte durch, wir legen es zwischen zwei Brotscheiben.« Die Kinder zeigten auf die Pfanne: »Aber da sind doch noch welche.« Die seien für das Abendessen, erwiderte die Mutter.

»Mit dieser einfachen Tat«, so der Kommentar des Papstes, »lehrte die Mutter die Kinder Gemeinschaftssinn – und dass Solidarität etwas kostet. Teilen wäre ein erster Schritt ...« Es schien, als sei die Erzählung damit beendet, doch dann fuhr Franziskus fort: »Ihr werdet lachen, wenn ich euch den Fortgang schildere.« In der folgenden Woche sei die Mutter nachmittags zum Einkaufen gegangen und habe die (»gut erzogenen«) Kinder für eine Stunde allein zu Hause gelassen. Als sie zurückkehrte, fuhr Franziskus lächelnd fort, habe sie ihre drei Kinder mit einem langbärtigen Fremden gefunden: Er hatte nach einem Almosen gefragt und sie hatten ihn hereingebeten. »Gemeinsam tranken sie Milchkaffee ...«. Der Papst schloss: »Dieses Ende soll euch ein wenig zum Lachen bringen«, aber auch das Beispiel dieser Mutter besser vermitteln: »Zum Gemeinsinn erziehen bedeutet zur

Costoletta alla milanese

Als »Wiener Schnitzel« kennt man bei uns ein mit Mehl, Ei und Semmelbröseln paniertes Kalbsschnitzel. Die »Mailänder Art« unterscheidet sich davon in der freien Wahl des verwendeten Fleisches: Die italienische »costoletta« hat einen Knochen, die »cotoletta« keinen.

Zutaten für 4 Personen
4 Kalbskoteletts mit Knochen ▪ 2 Eier
Salz ▪ etwas Mehl ▪ 200 g Semmelbrösel
Butter zum Braten ▪ einige Zitronenscheiben

Um dieses klassische Gericht der italienischen Küche zuzubereiten, brauchen Sie 4 Kalbskoteletts mit Knochen, etwa 3 cm dick. Spülen Sie das Fleisch unter kaltem Wasser kurz ab, tupfen es trocken und entfernen ggf. noch seitlich anhaftende kleine Knochenreste zu entfernen

Schlagen Sie die Eier in einen Teller, salzen Sie sie kräftig und quirlen Sie sie gut durch. Geben Sie das Mehl in einen zweiten Teller, die Semmelbrösel in einen dritten. Wenden Sie die Koteletts zuerst in Mehl, dann im verquirlten Ei und zuletzt in den Bröseln. Achten Sie darauf, dass die Panade das Fleisch überall gleichmäßig bedeckt.

Geben Sie Butter in eine Pfanne und erhitzen Sie sie. Kontrollieren Sie die Hitze mit einem Küchenthermometer: Bei 170 °C legen Sie die Koteletts in die Pfanne und braten sie etwa 3 Minuten von jeder Seite. Danach lassen Sie sie bei geringerer Hitze noch etwas ziehen. Auf vorgewärmte Teller legen, leicht salzen und mit einer Zitronenscheibe garniert servieren. Als Beilage passen Salat, oder – ganz klassisch – Brat- oder Ofenkartoffeln.

Seit seinem Amtsantritt steht »Nahrung und Gemeinsinn« als ein immer wiederkehrendes Thema auf Franziskus' Agenda.

Barmherzigkeit erziehen.« Das Vorbild der Mutter hat die Herzen der Kinder geöffnet.

»Essen und Gemeinschaftssinn«: seit seinem Amtsantritt ein immer wiederkehrendes Thema von Franziskus. »Wenn die Nahrungsmittel gleichmäßig geteilt werden, brüderlich, dann bekommt jeder das Notwendige, jede Gemeinschaft kann so die Nöte der Ärmsten lindern.« So predigte er auf dem von den Vereinten Nationen ausgerufenen Tag des Umweltschutzes am 5. Juni 2013. Bei diesem Anlass verurteilte er auch die Wegwerfgesellschaft und ihre institutionalisierte Vergeudung von Lebensmitteln. Er berief sich auf den gesunden Menschenverstand, wie den »unserer Großmütter«, »die darauf achteten, kein Essen wegzuwerfen«. Einer seiner immer wiederkehrenden Merksätze lautet: »Wer Essen wegwirft, der stößt einen Armen vom Tisch, der verweigert es einem Hungrigen! Ich lade alle ein, darüber nachzudenken,

wieso Lebensmittel in den Müll gelangen und wie wir unsere Lebensweise, die dazu beiträgt, so ändern, dass wir dieses Problem ernstlich angehen und mit denjenigen zu teilen beginnen, die es am nötigsten haben.«

Im selben Jahr richtete er auch einen Appell an die Regierungen und den Leiter der Welternährungsorganisation, José Graziano da Silva, und lud dazu ein, »unser System der Nahrungsmittelproduktion nach solidarischen Prinzipien zu überdenken und neu zu gestalten. Die Logik der maßlosen Ausbeutung muss ein Ende haben und unser Lebensstil, auch was die Nahrung anbelangt, sich grundlegend ändern.«

Diese Sätze verdeutlicht er später noch in seiner Enzyklika »Laudato si«, einem Lehrschreiben, das ein großes Medienecho hervorrief und noch heute im Zentrum vieler Debatten und Studien steht. Auch das von Franziskus promulgierte außerordentliche »Heilige Jahr der Barmherzigkeit« (vom

Es gilt, »unser System der Nahrungsmittel-produktion nach solidarischen Prinzipien zu überdenken und neu zu gestalten. Die Logik der maßlosen Ausbeutung muss ein Ende haben und unser Lebensstil, auch was die Nahrung anbelangt, sich grundlegend ändern.«

8. Dezember 2015 bis zum 20. November 2016) rief zu Wohltätigkeit auf. Es erinnerte an die Werke der Nächstenliebe und Barmherzigkeit, wie sie im Evangelium des Matthäus auftauchen – »die Hungernden speisen, den Dürstenden zu trinken geben«. Franziskus rief damit zu konkreten Aktionen und Initiativen auf, ganz im Gegensatz zu den »parole, parole, parole«, den immer gleichen Worthülsen, auf die Staatenlenker sich zurückziehen, wenn sie eine nachhaltige Entwicklung ankurbeln sollen.

In der Chronik dieses Heiligen Jahres hat sich die schöne Initiative »pane dell'accoglienza« bzw. »pane sospeso« der Bäcker-Innung eingeschrieben: Man konnte beim Bäcker ein Brot kaufen, um es von ihm an die Armen verteilen zu lassen. Das war konkreter als beschwörende Gesten. Das »Brot für das Heilige Jahr« beruht auf einer Initiative von Bernardino Bartocci, Präsident der römischen Bäckervereinigung: »Als

Papst Franzikus das Heilige Jahr der Barmherzigkeit ankündigte, haben wir sofort an den symbolischen und spirituellen Wert des Brotes gedacht. Brot ist immer noch, wenn auch weniger als früher, ein Grundnahrungsmittel bei uns, eines derjenigen Lebensmittel, die nur Italiener wirklich gut herstellen können.«

Letzterer Aussage würden nicht nur deutsche Bäcker wohl widersprechen. Aber es ging Bartocci um etwas anderes: »Natürlich ist der DNA eines jeden Bäckers die

Ja, zwischen den Bäckern und dem Papst herrschen Sympathie und Einklang. Er segnete auch ihre Aktion »Unser tägliches Brot gib uns heute« zum Heiligen Jahr.

Freigiebigkeit eingeschrieben. Nicht zufällig arbeiten wir auch in schwierigen Zeiten, bei Erdbeben beispielsweise, daran, die Betroffenen mit diesem elementaren Lebensmittel zu versorgen.«

Die Brotlaibe wurden mit steinvermahlenem Mehl aus dem Latium, der Region rund um Rom, gebacken und mit dem unverwechselbaren Kreuz des Franziskus versehen. Für den Teig zeichnete der Meisterbäcker Adriano Albanesi verantwortlich. Jeder Laib wog etwa ein halbes Kilo und kostete zwischen zwei und zweieinhalb Euro. Ein Qualitätsprodukt, dank seiner naturreinen Zutaten: Aufgrund seiner Verarbeitung blieb das Brot mindestens vier Tage lang frisch und genießbar, landete daher also nicht vorschnell im Mülleimer. Es versorgte

diejenigen, die sich nicht selbst mit dem täglichen Brot versorgen können. Die Kampagne startete eher unbeachtet in dem historischen Quartier Garbatella, im Süden Roms zwischen Via Ostiense und Via Cristoforo Colombo, fand aber regen Zulauf durch etwa 40 Bäcker der Hauptstadt. In ihren Geschäften konnte man die Laibe für die Bedürftigen in Körben hinterlegen.

»Eine symbolische Gabe der Stadt, die bezeugt, wie sehr die Bäcker mit ihr verbunden sind. Die Bäckereien gehören zu den bleibenden Treffpunkten in den Stadtvierteln, etwa so wie die Piazza, die Kirche und der Friseur«, erklärte Claudio Capezzuoli von der *Confederazione Nazionale dell'Artigianato* in Rom. Ja, es herrschen Sympathie und Einklang zwischen den römischen Bäckern und Papst Franziskus. Der Pontifex segnete auch eine weitere schöne Initiative zum Heiligen Jahr: »Unser tägliches Brot gib uns heute«. Im Rahmen dieser Wohltätigkeitsaktion wurde in einem »Pavillon der Barmherzigkeit« am Ostende der Via della Conciliazione am Tiber Brot an die Pilger ausgegeben – umsonst.

50 Bäckereien und Brothersteller aus verschiedenen Regionen des Landes brachten ihre besten Produkte in die Hauptstadt. Fünf Doppelzentner Brot gaben sie täglich an die Pilger aus. Die dafür erhaltenen Spenden wurden für den Bau einer landwirtschaftlichen Schule in Burkina Faso eingesetzt. Ein Projekt, das Papst Franziskus angeregt hatte. Damit die jungen Menschen dort landwirtschaftliches Grundwissen erhalten, damit sie den Getreideanbau beherrschen lernen und so ein Land mit Brot versorgen können, in dem die Leute hungers sterben, weil sie keines haben.

7.

Heimweh nach einer Pizza, die man teilt

Sage mir, was Du isst und ich sage Dir, wer Du bist«, schrieb der Essayist und Gastrosoph Brillat-Savarin. Er formulierte auch, dass das Schicksal von Nationen davon abhinge, »auf welche Weise sie sich ernähren«. Dieses Diktum kann man besonders auf die Staatenlenker beziehen, die das Leben ganzer Völker in ihrer Hand haben. Man kann sich in der Tat fragen: Welches Wohlergehen und welchen Wohlstand – sozialer, kultureller, körperlicher oder geistiger Natur – könnte eine Leitfigur, egal ob politisch oder religiös, herbeiführen, die sich nicht gesund, ausgewogen und maßvoll ernährt? Und mehr noch: Wurden nicht die schlimmsten Auswüchse der Geschichte von Politikern verantwortet, die ausschweifend und ungezügelt tafelten? Keine müßige Frage, denn in der Tat – die Wechselfälle der Jahrhunderte bestätigen,

dass man die ausufernde Handhabung politischer Macht mit einer ungeordneten, sozusagen neurotischen Ernährungsweise in Zusammenhang bringen kann. Je maßloser du isst, desto wahrscheinlicher vernichtest du dein Volk? Viele historische Ereignisse würden diese These bestätigen, auch wenn es Ausnahmen von dieser Regel geben mag.

Bis in unsere Zeit gehört das Essen zum politischen Ritual – man denke nur an das Thema »Staatsbankett«. Wahrscheinlich ist es die ihm seit Beginn der Menschheitsgeschichte innewohnende elementare Bedeutung des Essens, die auch heute noch das Interesse an den kulinarischen Gewohnheiten gewählter Vertreter des öffentlichen Lebens befeuert.

Natürlich bildet Franziskus da keine Ausnahme. Ungezählt sind die Artikel, Postings und Videos darüber, was der Papst

isst, die seit dem Tag seiner Wahl die Medien überfluteten. Man hat seine Lieblingsgerichte dokumentiert. Man hat seinen Geschmack ausgelotet. In der Eile, seinen
Artikel fertig zu kritzeln, sind manchem Journalisten auch Fehler unterlaufen,
wieder andere haben ausgemachten Käse fabriziert – leider keinen aus Milch,
sondern mehr oder minder vollständig erfundene Geschichten. Zum Beispiel die,
der Papst habe ein Verbot des Konsums von Kalbfleisch ausgesprochen. Auf
italienischen Facebook-Seiten tauchten daraufhin Hunderte spitzzüngiger Kom-
mentare auf. Oder, noch schlimmer, der Papst habe es auf den Index gesetzt,
»Rosinen mit Reis zu mischen«. Was als lustige Fake-News gedacht war, sorgte in
Brasilien für Aufruhr: Tausende von Kommentaren im Internet waren die Folge. Es
wurden sogar Artikel über die »ländlichen« Ursprünge des neuen Papstes verfasst,
befeuert von der Beobachtung, dass sein Papstwappen eine Weintraube trüge. Die
»cin cin« und die »Prösterchen auf den Papst« waren Legion. Sie verbreiteten eine
allgemeine Heiterkeit, die aber lediglich die faule Frucht mangelnder journalisti-
scher Recherche war. Man hätte sich nur ein bisschen kundig machen müssen, um
herauszufinden, dass die gelbe Pflanze auf dem blauen Grund von Franziskus'
Wappenschild eine stilisierte Narde ist und damit ein Symbol des heiligen Josef,
des Schutzpatrons der Sterbenden, der Jungfrauen und der Eheleute. Den Wappen-
spruch wählte Bergoglio bereits als Erzbischof: »Miserando atque eligendo«, was
so viel bedeutet wie »aus Barmherzigkeit gewählt«.

Den Philosophien, die den Körper verachten und die Realitäten dieser Welt gering schätzen, hielt Jesus sich fern – kommentiert Bergoglio.

Auch über die Verbindung zum heiligen Josef wurde fleißig getextet, unter anderem tauchte die Frage auf, ob der Papst womöglich für Enthaltsamkeit sei? Wir werden sie später beantworten.

Viel Lärm um nichts! Diese Artikel zeigen allenfalls die grenzenlose Aufmerksamkeit, die das Thema »Papst und Essen« erregt. Diese Verbindung regt den öffentlichen Appetit an und lässt die Menschen nach immer neuen Informationen hungern. Dabei darf man jedoch nicht vergessen, dass die einfachen und maßvollen Essgewohnheiten Bergoglios, sein kulinarisches Gespür, seine ausgeprägte Vorliebe für gesunde, naturbelassene Kost wie seine Lust am gemeinsamen Tafeln sich auf historische und religiöse Aussagen des Evangeliums zurückführen lassen. Sie beziehen sich direkt auf die Geschichte von einem Mann aus Galiläa, der in Bethlehem geboren wurde und in Jerusalem starb. Das beschreibt der Papst in seiner Enzyklika »Laudato si«, die als Manifest für eine weltweite Neuordnung des Verhältnisses zwischen Gesellschaft und Umwelt gilt. Franziskus führt an, dass Jesus zum Erstaunen seiner Zeitgenossen in völliger Harmonie mit der Schöpfung lebte: »Die Leute aber staunten und sagten: ›Was ist das für ein Mensch, dass ihm sogar die Winde und der See gehorchen?‹« (Matthäus 8, 27)

Jesus war kein weltfremder Asket, kein Verächter der schönen Seiten des Lebens. Er bezeichnete sich selbst – so berichtet der Evangelist Matthäus – als »Menschensohn«: »Der Menschensohn ist gekommen, er isst und trinkt; darauf sagen sie: ›Dieser Fresser und Säufer, dieser Freund der Zöllner und Sünder!‹« (Matthäus 11, 19)

Jesus war kein Anhänger der Philosophien, die das Körperliche und die Realitäten dieser Welt verachten oder die Speise gering schätzen, so legt Bergolio diese Bibelstellen aus.

Das Feingefühl für und seine Sorge um alle Bereiche der Ernährung zeichnet ein scharfes Profil dieses einen »Menschen unter vielen«. Es schmälert weder seine Autorität noch setzt es sein Ansehen herab, im Gegenteil: Es bekräftigt seine menschliche, seine spirituelle und seine seelsorgerliche Größe.

Dass er morgens noch vor dem Morgengrauen aufsteht – gegen 4.45 Uhr –, dass er sich nach seiner Andacht einen Mate-Tee zubereitet, den er mithilfe der *bombilla*, des traditionellen metallenen Halms, trinkt, kann gar nichts anderes als Sympathie und Nähe hervorrufen. Das Wissen, dass er seine Pasta nicht alleine, sondern mit Mitarbeitern – den Angestellten des Vatikans und Bischöfen, die zu Besuch in Rom weilen – genießt, rückt ihn noch näher an die Gestalt desjenigen, der vor mehr als 2000 Jahren die Menschenmengen nicht verjagt, sondern sie empfangen hat, und der immer die Nähe zu seinen Mitmenschen suchte.

Wenn man weiß, dass sein Lieblingsnachtisch *dulce de leche* ist, eine Creme aus Milch und Zucker, die vor 150 Jahren in Argentinien erfunden wurde, dann kann man nicht anders als genussvolles Verständnis und menschliche Bewunderung empfinden. Verständnis ruft auch die Vorstellung hervor, wie viel Heimweh er nach seinem geliebten Argentinien verspürt: Es ist immer präsent in seinem Herzen und in seinen Erzählungen. Man erzählt sich, dass die ehemalige Präsidentin des Landes, Cristina Kirchner, dem Heiligen Vater eine Grußbotschaft zum Tag der Heiligen Peter und Paul, der Schutz-

Dulce de leche

Die *dulce de leche*, so sagt man, entstand aus Zufall: Eine Köchin des Diktators Juan Manuel de Rosas (1793–1877) hatte wahrscheinlich einen Topf mit gezuckerter Milch auf dem Feuer vergessen.

Diese Creme löffelt man am besten pur. Aber, wie wir bereits gesehen haben, eignet sie auch hervorragend als Zutat für Süßigkeiten, zum Beispiel für die Alfajores (Rezept siehe S. 52).

Zutaten für 6 bis 8 Personen
1 l Vollmilch ▪ 300 g Zucker ▪ 1 Vanilleschote ▪ 1 TL Honig ▪ ½ TL Natron

Gießen Sie die Milch in einen tiefen Topf mit dickem Boden und geben Sie den Zucker hinein. Stellen Sie den Topf auf den Herd und erhitzen Sie die Mischung bei schwacher Hitze. Rühren Sie dabei kontinuierlich mit einem Schneebesen bis sich sich der Zucker vollständig gelöst hat. Kratzen Sie das Mark aus der Vanilleschote und geben es zusammen mit der leeren Schote in die Milch. Fügen Sie den Honig und das Natron hinzu.

Nun erhöhen Sie die Hitze und lassen die Mischung unter stetigem Rühren einmal aufkochen. Danach reduzieren Sie sofort die Hitze und köcheln die Zuckermilch etwa 1,5 Stunden. in dieser Zeit verändert sich ihre Farbe zu einem hellen bis mittleren Braun. Sobald die Masse eine cremige Konsistenz annimmt, nehmen Sie den Topf vom Herd und entfernen die Vanilleschote. Bitte beachten Sie, dass die Creme während dem Abkühlen noch fester wird.

Geben Sie sie in kleine Portionsgläser und stellen Sie sie in den Kühlschrank. Sollte die Creme zu fest geworden sein, können Sie sie vor dem Servieren vorsichtig in der Mikrowelle oder im Wasserbad erhitzen.

patrone von Rom, geschickt hat. Seine Antwort ließ keinen Zweifel daran, wie sehr Bergoglio an sein Heimatland denkt: »Ich trinke noch immer Mate. Er bekommt mir einfach besser als Tee oder Kaffee.«

Der Mate, ein energiereiches Getränk, das 98 Prozent der Argentinier regelmäßig konsumieren, wird auch »Tee der Jesuiten« genannt. Gewöhnlich trinkt man Mate gemeinsam, denn er steht für Freundschaft, für Herzlichkeit und für Miteinander. Die ersten Male, als Franziskus sich auf dem Petersplatz Gruppen seiner Landsleute näherte, die ihm anboten, mit dem Halm aus den charakteristischen Matebechern, den *porongos*, zu trinken, erregten ziemliche Neugier. Dieser auf den argentinischen Straßen und Plätzen ganz normale Vorgang war für Römer natürlich wenig verständlich. Beobachter und Chronisten stellte das vor ungelöste Fragen, vor allem, als wenige Tage nach seiner Wahl ein Geschenk der ehemaligen, bereits erwähnten Präsidentin Kirchner für Franziskus eintraf: Sie schickte ihm einen Mate-Kit inklusive Zuckerdose. Er nahm dieses Geschenk mit Vergnügen an: Er liebt »matear« – was so viel bedeutet wie »Mate schlürfen«. Er bevorzugt ihn ungezuckert, doch wenn einer seiner Gäste süßen Mate vorzieht, lehnt er auch diesen nicht ab. Inzwischen ist Franziskus weltweit zu einem Werbeträger für dieses an gesunden Wirkstoffen so reiche Getränk geworden. Es enthält eine Reihe Mineralstoffe und die Vitamine A und B. Es ist reich an Polyphenolen, anti-oxidativen Substanzen, die freie Radikale bekämpfen und so den Alterungs-

»Ich trinke noch immer Mate. Er bekommt mir einfach besser als Tee oder Kaffee.«

prozess verlangsamen. Es ist also ein richtiger, dabei aber ganz natürlicher Energydrink, der mittlerweile immer häufiger in der Umgebung des Heiligen Stuhls konsumiert wird.

Auch einige Veränderungen in den vatikanischen Mensen hat der Pontifex aus Argentinien angestoßen. Man findet dort jetzt häufig die bereits erwähnten *alfajores*, auch solche, die mit *dulce de leche* gefüllt sind. Der Mittagstisch in der Casa Santa Marta musste Platz für *empanadas* schaffen: Man sagt, dass Franziskus sie mit Hackfleisch gefüllt bevorzugt. Natürlich erinnern auch sie ihn an die gastronomische Kultur

Argentiniens. Man berichtet, dass die Frauen sie früher zubereiteten, um die Rückkehr ihrer Männer von den langen, arbeitsreichen Monaten in den Pampas zu feiern. Die Teigtaschen enthalten eine würzige Füllung, normalerweise mit Fleisch und Zwiebeln. In einigen Gebieten von Patagonien werden sie auch mit Fisch, vor allem mit Krebsen oder Thunfisch, gefüllt.

Da es in Rom zahlreiche argentinische Köche gibt, versteht sich von selbst, dass einige von ihnen gebeten wurden, für den berühmtesten Argentinier der Welt *empanadas* zuzubereiten. Angefragt wurde zum Beispiel Pascual Juliano, der Koch des »La Caletta« eines Restaurants in der Nähe des Vatikans. Zwar standen die typischen gefüllten Teigtaschen gar nicht offiziell auf seiner Speisekarte, doch die Besitzer des Restaurants, Alessandro Gullotto und Nicola Mililla kamen dieser Bitte mit Freude nach. Für Pascual war es ein Kinderspiel, eine Platte mit *empanadas* zuzubereiten. Eine Gabe, die den Papst sehr erfreut hat. Er vergaß nicht, in der Küche der Casa Santa Marta darauf hinzuweisen ...

Papst Franziskus behauptete sogar, sie seien so gut gewesen wie die in Buenos

Pascual beließ es nicht dabei:
In der Folge bereitete er eine ganze Reihe
unterschiedlicher Empanadas für den
Papst zu, der es nicht verabsäumte,
sich herzlich für dieses köstliche
Fingerfood zu bedanken ...

Aires. Er bot sie auch seinen Tischgenossen an, die sie sehr zu würdigen wussten. Es blieb nicht beim Einzelfall. In der Folge bereitete Pascual weitere, unterschiedlich gefüllte *empanadas* für Papst Franziskus zu und erntete erneut ehrliche Begeisterung und herzlichen Dank.

Von argentinischem Boden stammt auch der Malbec, ein körperreicher argentinischer Rotwein, der in der Provinz von Mendoza, in den Rebgärten von *Luján de Cuyo* oder im *Valle de Uco* angebaut wird. Ab und an erhält der Papst eine Flasche davon zum Geschenk. Ein Schluck davon und die verlassene Heimat rückt ihm wieder näher. Zudem gibt es natürlich auch den italienischen Wein aus den Hügeln rund um Asti. Er gehört zur Familientradition der Bergoglios, könnte man sagen. Seine Schwester María Elena berichtet darüber: Wenn besondere Gäste zu Hause eingeladen waren, »bot man ihnen ein Gläschen *Grappa di Moscato* an. Und zu besonderen Gelegenheiten wurde eine

Flasche *Grignolino* geöffnet«. Im Übrigen produzierten die Bergoglios am Bricco Marmorito »den besten Grignolino der Gegend«, erinnert sich der ehemalige Bürgermeister von Portacomaro, Idalo Raso.

Hingegen lässt sich zwischen den Bergoglios und dem »vino Ruchè« keine Verbindung feststellen, wie ein Buch behauptet. Angeblich habe der Vater des zukünftigen Papstes, Mario Bergoglio, eine Flasche dieses Rotweins nach Argentinien mitgebracht ... Genauso erfunden ist die Behauptung, Papst Franziskus sei Absti-nenzler. In den sozialen Netzwerken kursier-ten Gerüchte darüber, die erst verstummten, als der Papst am 21. Januar 2015 eine Delegation der Vereinigung italienischer Sommeliers empfing. Damals sagte er: »Nein, ich lebe nicht abstinent, aber ich trinke nur hin und wieder. Wein aus Italien und aus der ganzen Welt. Aber wirklich wenig, gell?« Der Präsident der »Fondazione Italiana Sommelier«, Franco Maria Ricci,

»Nein, ich lebe nicht abstinent, aber ich trinke nur hin und wieder. Wein aus Italien und aus der ganzen Welt. Aber wirklich wenig, gell?«

überreichte ihm unter anderem das Diplom eines Sommelier ad honorem und einen Tastevin, eine kleine, flache Probierschale aus Metall, wie sie die Weinverkoster benutzen, dazu zwei Flaschen Rotwein *Romanzo di Bibenda*.

»All'Italiana« liebt der Papst auch seinen Nachmittagsimbiss: häufig allein und in aller Schnelle. Eine argentinische Journalistin, Elisabetta Piquè – Korrespondentin der Zeitung *La Nación* aus dem Freundeskreis Bergoglios, als er Erzbischof von Buenos Aires war –, schreibt in ihrer Biographie »Franziskus, Leben und Revolution«, dass er sich gewöhnlich gegen 17.00 Uhr einen Cappuccino aus dem Kaffeeautomaten der Casa Santa Marta hole. Die Cents dafür zöge er aus seiner eigenen Tasche. Er habe auch die Gewohnheit, »den Schweizer Gardisten Brioches anzubieten«.

Piquè fügt hinzu, der Papst sei »ein Meisterkoch, der die allerbeste Paella zuzubereiten verstünde«. Wir bezweifeln, dass er heute noch die Zeit dafür findet. Genausowenig wie für ein anderes typisches argentinisches Gericht, die *colita de quadril*: das Ende des hinteren Keulenstücks vom Rind, gegart in Öl mit verschiedenen aromatischen Kräutern. Ein Soldat der Schweizer Garde, David Geisser, jedoch könnte ihm das sicher perfekt zubereiten. Nach seiner Ausbildung zum Koch tauschte Geisser den Löffel gegen die vatikanische Hellebarde und trat 2013 in den Dienst der Päpstlichen Schweizergarde in Rom. In seinem Buch »Päpstliche Schweizergarde,

Paella

Zutaten für 6 Personen
je 300 g Venus- und Miesmuscheln
12 Garnelen ▪ 4 echte Scampi (Kaiser-
granat) ▪ 1 Liter Fisch- oder Gemüsefond
1 Tütchen Safran in Fäden ▪ 5 EL Olivenöl
1 Handvoll gehackte Petersilie ▪ Salz ▪ Pfeffer ▪ ½ rote Paprika in Streifen ▪ 1 Zwiebel,
gewürfelt ▪ 150 g Erbsen (frisch ausgepalt oder
TK) ▪ 250 g Hühnerbrust, geschnetzelt
200 g Chorizo, in Scheiben ▪ 100 g grüne
Bohnen ▪ 60 g schwarze Oliven
250 g Rundkornreis (Carnaroli)

Putzen und waschen Sie die Muscheln, die
Garnelen und die Scampi. Erhitzen Sie den Fond in
einem Topf und geben Sie den Safran hinein.

Erhitzen Sie 2 EL Öl in einer große Pfanne, bis das
es zu duften beginnt. Dann geben Sie schnell die
tropfnassen Muscheln und die Hälfte der Petersilie
hinein. Legen Sie einen Deckel auf und lassen die
Muscheln so lange kochen, bis die Schalen sich
öffnen, gelegentlich die geschlossene Pfanne
schütteln. Entfernen Sie dann die Schalen und alle
ungeöffneten Muscheln. Dann geben Sie die
Garnelen und die Scampi hinzu, lassen alles einmal
kurz aufkochen und stellen die Pfanne beiseite.

Dünsten Sie die Zwiebelwürfel mit der restlichen
Petersilie in 3 EL Olivenöl in einer Paella-Pfanne.
Geben Sie die Hühnerbrust und die Chorizo
(ersatzweise Salsiccia aus Kalabrien) hinzu und
braten Sie alles gut an. Dann fügen Sie Erbsen,
Peperoni, die grünen Bohnen und die Oliven zu
und würzen mit etwas Salz und Pfeffer. Lassen Sie
die Mischung einige Minuten auf hoher Flamme
Farbe annehmen, bevor Sie den Reis in die Pfanne
geben und ebenfalls anrösten.

Gießen Sie nun mit dem Fond auf und lassen die
Paella etwa 15 Minuten kochen, bis der Reis fast
gar ist. Dann rühren Sie das Muschelfleisch und
den in der Pfanne befindlichen Fond gut unter
und setzen die Krustentiere dekorativ auf die
Paella. Anschließend stellen Sie die Pfanne noch
5 Minuten unter den Grill und servieren die
Paella heiß.

Buon appetito« versammelte er neben den Rezepten des berühmten bewaffneten Militärkorps im Dienste des Heiligen Stuhls auch kulinarische Ideen verschiedener Persönlichkeiten aus dem Vatikan.

Mittlerweile ist die Spontaneität des Papstes sprichwörtlich. Es kann wirklich alles passieren. Hat er nicht mehrere Male festgestellt, dass die »Leoninische Mauer«, die Mauer, die Papst Leo IV. (790–855) um den Vatikan ziehen ließ, ihn einenge?

Eine für ihn typische Episode ereignete sich am 21. Februar 2001, als er von Papst Johannes Paul II. zum Kardinal ernannt wurde. Bergoglio war am frühen Morgen in der *Casa del Clero* in der Via della Trasponti-na, in der er mit anderen Bischöfen und Erzbischöfen übernachtet hatte. In Erwartung der Limousinen, die sie für die Verleihung von Scheitelkäppchen und rotem Birett in den Petersdom bringen sollten, bevölkerten sie die Rezeption. Und Erzbischof Bergoglio, was machte er? Er ging den kurzen Weg zu Fuß. In seiner roten Soutane, den Mantel im Kardinalspurpur, den ihm Giuseppina, seine Cousine in Turin, genäht hatte, über dem Arm. Mitten durch Rom. Raschen Schrittes. Auf dem Weg betrat er eine Bar, um einen *ristretto* zu trinken, einen Espresso, den man nur in Rom richtig aufbrüht (sagen zumindest die Römer). Und dann ging er weiter. Spontan eben. Wie damals, als er sich überraschend in den Geschäftsräumen des Vatikans einfand. Man erzählt, dass er wenige Monate nach seiner Wahl ohne Vorankündigung im Erdgeschoss des *Osservatore Romano* auftauchte. Dort

Berühmt wurde seine Retourkutsche gegenüber den Ordnungskräften des Vatikans: »Wie soll ich aus einer Sardinenbüchse heraus die Menschen grüßen und ihnen sagen, dass ich sie liebe?«

steht eine Gruppe freundlicher Herren der Öffentlichkeit bei der Auswahl und dem Kauf von Fotos der päpstlichen Audienzen zur Verfügung. Anfänglich bemerkte niemand etwas. Dann aber wurde ihnen klar, dass dieser weiß gekleidete Herr Papst Franziskus selbst war. Er hatte sich von einem Aushilfschauffeur in die Via Porta Angelica fahren lassen. Es fehlte nicht viel und einige wären in Ohnmacht gefallen. Franziskus sagte, er sei vorbeigekommen, um sie zu begrüßen und mit ihnen einen Kaffee zu trinken. Er nahm also einen Kaffee, man plauderte ein wenig und danach empfahl er sich in der allgemeinen Verblüffung.

Mehr oder weniger die gleiche Szene spielte sich im Juli 2016 ab. Franziskus war vom Zahnarzt des »Servizio Sanitario Vaticano« gekommen und hatte seinen Fahrer gebeten, über die Via della Conciliazione, vorbei am Präsidium der Schweizer Garde an der Porta Sant' Anna, zu den Büros der CAL, der Kommission für Lateinamerika, zu fahren. Dort grüßte er die entgeisterten Angestellten und Professor Guzmán Carriquiry y Lecour, seinen Freund: »Guten Tag, habt ihr Zeit für ein Schwätzchen und einen gemeinsamen Kaffee?«

Es wird einen also nicht wundernehmen, wenn er eines Tages beschließt, die nächste Pizzeria aufzusuchen, um sich eine Pizza zu bestellen, eines seiner Lieblingsgerichte. Denn auch die Pizza, wiewohl ein typisch italienisches Gericht, erinnert ihn an Buenos

Aires, an seine Familie. Seine Schwester María Elena backt die besten Pizzen, die man sich vorstellen kann. Und anscheinend bringt auch der Papst selbst eine gute Pizza zustande. Sein Neffe, José Ignacio, Sohn von María Elena, berichtete in einem seiner raren Interviews: »Es fehlt ihm, dass er nicht mehr einfach in irgendeine Pizzeria gehen und sich eine große Pizza mit Mozzarella bestellen kann.«

Als Bergoglio noch Erzbischof von Buenos Aires war, ging er häufig mit Mitarbeitern und Bekannten in die Pizzeria. Seine Sehnsucht nach Pizza ist keine kulinarische Extravaganz, sondern die Sehnsucht nach Gemeinsamkeit: Gibt es etwas Schöneres, als eine »Margherita« oder eine »Quattro Stagioni« mit anderen zu teilen? Er hat es selbst vor der Kamera bestätigt. Padre Antonio Sparado filmte ihn mit dem Smartphone im Dezember 2016. Es ist dasselbe Interview, in dem Franziskus auch die schockierende Vorhersage traf: »Ich habe das Gefühl, mein Pontifikat wird kurz sein, vier, fünf Jahre …« Franziskus berichtete Sparado von seinen Schwierigkeiten, die Rolle des Papstes anzunehmen. Er erklärte: »In Buenos Aires lief ich immer durch die Straßen. Diese Gewohnheit aufzugeben,

kostet mich einiges. Man kann sich daran gewöhnen, aber es würde mir wirklich gefallen, eines Tages völlig unerkannt in eine Pizzeria zu gehen und eine Pizza zu essen.« Auch im Mai 2015, in einem Interview mit der argentinischen Tageszeitung *La Voz del Pueblo*, wurde er gefragt, was ihm am meisten fehle, seitdem er Papst geworden sei. Lächelnd antwortete er: »Die Straßen. Rausgehen und durch die Straßen laufen; in eine Pizzeria gehen und eine gute Pizza essen.« Sein Interviewpartner hielt dagegen, dass er sich die Pizza ja in den Vatikan liefern lassen könne. Doch er erwiderte: »Das ist nicht dasselbe. Es ist schön, selbst dorthin zu gehen. Ich bin immer gerne zu Fuß gegangen. Als Kardinal habe ich es geliebt, durch die Straßen zu wandern oder die Metro zu nehmen. Die Großstadt bezaubert mich. Ich bin ein Städter mit Herz und Seele.«

Auch Autos mit getönten Scheiben verursachen ihm Unbehagen. Berühmt wurde sein Satz gegenüber den Ordnungskräften des Vatikans: »Wie soll ich aus einer Sardinenbüchse heraus die Menschen grüßen und ihnen sagen, dass ich sie liebe?« Also: Auch für Franziskus hat die Pizza ihren besonderen Wert, weil sie förmlich dazu einlädt, sie gemeinsam zu essen. Das Gericht, das bekannt ist als »das beste und italienischste Essen der Welt«, schmeckt einfach noch besser, wenn man es mit Familie oder Freunden in einer Gaststätte verzehrt. Auch der Papst nutzt jede Gelegenheit, »auf eine Pizza zu gehen«, wenn er die römischen Kirchengemeinden besucht oder sich überraschend bei Vereinen, Verbänden, Gruppen und Genossenschaften zeigt. So geschehen im Jahr der Barmherzigkeit (siehe S. 118): Die Schnappschüsse, die den Papst mit einer Pizza Margarita im römischen Stadtviertel Marino zeigen, im Centro San Carlo, wo er eine Gruppe ehemaliger Drogenabhängiger empfing, kursierten umgehend im Web und wurden millionenfach »geliked« und geteilt. Desgleichen ein Foto seines Besuches in Neapel: Als er auf dem Lungomare Caracciolo zwischen Menschenmassen hindurchschritt, bot ihm der Pizzabäcker Enzo Cacciali eine Pizza mit Mozzarella di Bufala und gelben Kirschtomaten an. Im Vorbeigehen griff der Papst zu und ließ es sich schmecken. Immerhin sind Weiß und Gelb die Farben des Vatikans. »Francè, Francè«, intonierte die Menge, während er ihr lächelnd zuwinkte und mit dieser gefälligen Geste die Herzen eroberte.

Vor, während und nach seinem Besuch in der Stadt am Vesuv wurden die *pizzaiolos* aktiv wie nie zuvor, um ihrem illustren Besucher auf jede nur mögliche Weise Ehre zu bereiten. Die drei Pizzabäcker eines bekannten Lokals in Vomero (einem Stadtteil Neapels auf dem gleichnamigen Hügel)

Pizza mit Mozzarella di Bufala und gelben Kirschtomaten

Zutaten für 4 Personen
½ Würfel frische Hefe ▪ 1 TL Zucker
4 EL Olivenöl + Öl für die Bleche und die Pizza ▪ 500 g Mehl (Type 405 oder Tipo 0)
Salz ▪ 200 g Tomaten, stückig aus der Dose
300 g Mozzarella di Bufala ▪ 250 g gelbe Kirschtomaten ▪ Pfeffer ▪ 1 EL Oregano, getrocknet

Krümeln Sie die Hefe in 250 ml lauwarmes Wasser. Geben Sie den Zucker und 4 EL Olivenöl dazu und verrühren alles kräftig. Lassen Sie die Mischung anschließend einige Minuten ruhen. Inzwischen sieben Sie das Mehl auf ein Backbrett. Drücken Sie eine Mulde hinein, in die Sie das Hefegemisch und 2 TL Salz geben. Verarbeiten sie alles von außen nach innen zu einem elastischen Teig, den sie in vier gleich große Teile teilen. Diese formen Sie zu Kugeln und lassen sie zugedeckt an einem warmen Ort so lange gehen, bis sie ihr Volumen verdoppelt haben (etwa 2 Stunden). Danach formen Sie daraus 4 Teigfladen, die Sie auf gefette Pizzableche (Ø 22 cm) legen.

Geben Sie die Tomaten mit der Flüssigkeit auf die Teigfladen, verteilen Sie den zerkleinerten Mozzarella darüber und dann die halbierten Kirschtomaten, die Sie zuvor in Öl, Salz und Pfeffer gewendet haben. Streuen Sie den Oregano darüber und backen Sie die Pizze auf der unteren Schiene bei mindestens 200 °C für 8 bis 15 Minuten. Dekorieren Sie jede mit Basilikumblättchen, träufeln etwas Olivenöl darüber und servieren Sie sie heiß, denn sie duften dann am besten.

Die Bibel wörtlich genommen: Für 1500 »Mühselige und Beladene« öffneten sich die Pforten des Vatikans zu einem gigantischen Pizzaessen.

buken eine Pizza mit dem Profil des Pontifex. Solche Originalitäten tauchen nun auch bei den Generalaudienzen auf dem Petersplatz auf: Ungezählt sind die Pizzen, die Franziskus angeboten werden, während er sich im Papamobil oder zu Fuß die Absperrungen entlang bewegt. Eine enorme Palette von Kreativität und kulinarischer Stilvielfalt wird da sichtbar: Einer hat auf eine Oberfläche aus Mozzarella mit Tomatensugo das Portrait von Papst Franziskus auf seine Pizza gezeichnet. Ein anderer hat mit Käse »Viva Papa Francesco« darauf geschrieben. Ein Dritter präsentierte eine herzförmige Pizza mit dem Namen des Heiligen Vaters. Die Köche der »Scuola Auguste Escoffier« überreichten eine klassische Pizza mit Tomaten und Mozzarella di Bufala, geschmückt mit ihrem Markenzeichen.

Die päpstliche Leidenschaft für Pizza führte auch zu nie dagewesenen Entscheidungen: Der polnische Kurienerzbischof Konrad Krajewski, Almosenier des Vatikans, erhielt den Auftrag, die Obdachlosen, die rund um den Petersdom biwakieren, auf

Kosten des Heiligen Stuhls mit Pizza zu versorgen. Niemand hätte sich vorstellen können, dass der Vatikan eines Tages seine Pforten für 1500 Bedürftige öffnen würde, die zu einem gigantischen Pizzaessen eingeladen waren. So geschehen am 4. September 2016 im Rahmen der Heiligsprechung von Mutter Teresa.

Nach der Zeremonie öffnete die *Aula Paolo VI*. ihre Türen für »besondere Gäste«, denen Papst Franziskus persönlich ein Fest bereitete, das in die Chronik seines Pontifikats eingehen wird. Hunderte von Freiwilligen und die Missionarinnen der Nächstenliebe – des Ordens, den die Heilige aus Albanien gegründet hatte – bedienten bei Tisch. Über 1000 Pizze wurden von einer erstklassigen Pizzeria aus Neapel gespendet: Mit 20 Angestellten unter der Leitung von Pizzaiolo Vincenzo Staiano versorgten die Neapolitaner die Gäste aus einem Wagen mit drei Pizzaöfen im Schatten des Petersdoms. Es war ein außerordentliches Ereignis. »Ein Essen, wie von Gott bestellt«, lauteten die Schlagzeilen, oder »Ein Stück Pizza vom

Papst« oder »Das Wunder von Papst Franziskus.« Das ist freilich etwas anderes als die früher üblichen, sündteuren Büfetts in irgendwelchen exklusiven Dachrestaurants in der Nähe des Petersdoms, zu denen nur VIPs zugelassen waren. Auch dagegen hat Papst Franziskus Zeichen gesetzt.

Die Mühseligen und Beladenen fanden Einlass in die Vatikanstadt. Daher, so bemerkt Monsignore Konrad Krajewski, muss man sich nicht fragen, ob der Papst nächtens den Vatikan verlässt, um den »Unsichtbaren«, den Obdachlosen und den Gestrauchelten, zu helfen. Es ist genau andersherum mit Franziskus: Er holt die Ärmsten der Armen in den Vatikan, am helllichten Tag. Auch das ist eine »Revolution«.

September 2016: die Heiligsprechung von Mutter Teresa.

8.

»Mäßigung bedeutet nicht das Ende von Wachstum, im Gegenteil: Es ist seine Bedingung.«

Genügsamkeit. Mäßigkeit. Einfachheit. So lauten die Begriffe, mit denen die Ernährungsgewohnheiten das Papstes beschrieben werden. Es sind Gegenpole zu den Exzessen des Konsumdenkens. Der argentinische Papst selbst hat die Genügsamkeit ins Rampenlicht gebracht und zwar ganz unabhängig von der ökonomischen Krise, die die Welt seit Beginn des neuen Jahrtausends im Griff hat. Papst Franziskus hat der Mäßigkeit entscheidende Passagen in seiner Enzyklika »Laudato si« gewidmet. Wird sie »aus freien Stücken und mit Bewusstsein gelebt«, dann wirkt die Genügsamkeit »befreiend«. Sie bedeutet nicht »weniger zu leben« und sie lässt sich nicht gleichsetzen mit einer »Existenz niedriger Intensität«. Sondern sie ist das »genaue Gegenteil«. »Diejenigen, die aufhören hier und dort und da nach allem zu schnappen, immer auf der Suche nach dem, was sie noch nicht haben, genießen jeden Augenblick mehr und leben besser.« Also, so schlägt er vor, beginnen wir wieder, »jeden Menschen zu schätzen« und »ein jedes Ding zu würdigen« und »uns mit einer einfacheren Realität vertraut zu machen«. Sowohl bezüglich unserer Ernährung als auch bezüglich der Landwirtschaftsindustrie.

Franziskus' Worte blieben nicht ungehört. So etwa beim Thema einer auf den Menschen bezogenen Wirtschaft: In der angelsächsischen Welt spricht man schon von »Francisnomics«, die eine neue Kultur gegen die Vergeudung von Ressourcen und gegen die allgegenwärtige *food wastage* entwickeln soll. Es ist eine strategische Vision auf der Grundlage einer Erfahrung von gesunder und unverfälschter Ernährung, die ihr Hauptaugenmerk auf kleinere landwirt-

schaftliche Systeme richtet und vor allem rigoros gegen die Wegwerfmentalität vorgeht. »Mit jedem Lebensmittel, das wir in den Müll werfen, weisen wir einen Armen von unserem Tisch«, denunziert er die Vergeudung in den Industrienationen. In seinem »kleinen« Staatswesen, dem Vatikan, geht Francesco mit gutem Beispiel voran.

Der »wind of change« bläst dort nicht zuletzt in Küchen und Kantinen. Der Küchenchef und seine Angestellten sowie die Bedienungen sind angewiesen, bei der Erstellung des Speiseplans die Resteverwertung im Auge zu behalten. Regina Tchelly, Autorin einer Rezeptsammlung mit dem Titel »Gerichte gegen die Verschwendung« ist eine der Vertreterinnen dieser Küche aus Überbleibseln. Tchelly ist in Paraíba geboren, einem der ärmsten Landstriche von Brasilien. Sie verließ ihre Heimat und zog mit ihren Töchtern nach Rio de Janeiro. Als Hausangestellte folgte sie ihrer Leidenschaft für das Kochen – und ihrem Respekt für die Nahrung, indem sie alle Möglichkeiten der Wiederverwertung von Essensabfällen austestete. Es ist zu ihrer Berufung geworden. In den armen Verhältnissen, in denen sie aufgewachsen ist, blieb ihr auch gar nichts anderes übrig, wenn sie der Familie etwas auf den Tisch bringen wollte.

Tag für Tag musste sie mit geringsten Mitteln schmackhafte, nährstoffreiche Gerichte herstellen. Daraus ist eine Philosophie geworden, die man – bezogen auf die sogenannten Abfälle – als kulturellen Entwicklungsschritt bezeichnen könnte.

Die Begegnung des Papstes mit der Gründerin von »Favela Organica« eröffnete ihm neue thematische Ansätze und brachte ihn auf die Idee, im Vatikan Kochkurse gegen die Lebensmittelverschwendung durchzuführen.

Mit Zielstrebigkeit rief Regina das Projekt »Favela Organica« ins Leben. Die Schwierigkeiten, die ihr dabei vor allem von Behörden und öffentlichen Institutionen in den Weg gelegt wurden, waren zahlreich.

Man war taub für ihre Bitte um ein Minimum an Hilfe bei der Anlage biologisch bewirtschafteter Obst- und Gemüsegärten in den armseligsten Favelas. Doch Tchelly verteidigte ihre Idee beharrlich und verbreitete sie auch in Kochkursen, bis sie schließlich von der brasilianischen »Slow Food«-Bewegung Unterstützung erhielt.

In Tchellys Kursen lernt man, dass alles verwendbar ist: Schalen, Samen, Blätter und Stängel, die normalerweise in den Abfalleimer wandern, ergeben neue Gerichte, wenn das eigentliche Fruchtfleisch aufgebraucht ist. In ihren 450 Rezepten erfährt man, wie sich Schalen von Wassermelonen, Bananen,

Passionsfrüchten, Kürbis oder die Stängel von Brokkoli schmackhaft verwandeln lassen. In ihren Kursen lehrt sie grundlegende Kniffe, die zu einer »abwechslungsreichen Ernährung« führen. Sie weist darauf hin, dass die meisten Nährwerte genau in den Teilen der Pflanzen liegen, die wir normalerweise wegwerfen und erläutert, wie man die Abfälle in alternative, schmackhafte und würzige Gerichte verwandelt, die »spürbar die Haushaltskosten senken sowie die Ressourcen unserer Erde schonen«.

Tchellys gastronomisches Modell machte Schule und verbreitete sich, getragen von denjenigen Bevölkerungsschichten, denen »die Sorge für das gemeinsame Haus« ein Anliegen ist, in andere Länder weiter.

Die Geistesverwandtschaft mit dem ersten Papst aus Lateinamerika war spürbar, als sie ihn 2013 in Brasilien kennenlernte. Damals war »Laudato si« noch nicht geschrieben, doch der Pontifex sammelte Studien und Dokumente zum Thema Nachhaltigkeit. Das Treffen mit der Gründerin von »Favela Organica« befeuerte nicht nur seine Thesen, sondern brachte ihn auch auf die Idee, im Vatikan Kochkurse gegen die Verschwendung von Lebensmitteln zu starten. Es sollte ein kleines »Zeichen« aus dem kleinsten Staat der Welt setzen, ein Zeichen gegen eine Gastronomie des Spektakulären, wo Früchte schon wegen kleinster Druckstellen weggeworfen werden und ganze Salatköpfe in den Müll wandern, weil einige ihrer Blätter nicht mehr ganz knackig sind. Heute muss mehr denn je klar sein, dass so ein Verhalten sowohl den Planeten als auch unsere Intelligenz beleidigt. Dass die Abfallwirtschaft ihn sehr beschäftigt, bestätigte Franziskus im Juni 2015 vor der Welternährungsorganisation.

Die FAO hatte alarmierende Daten offengelegt: Ein Drittel der weltweit produzierten Lebensmittel gehen verloren oder landen auf der Müllhalde. Der Papst forderte die Menschen weltweit dazu auf, ihren Lebensstil nachhaltig zu gestalten: »Genügsamkeit richtet sich nicht gegen Wachstum und Entwicklung, im Gegenteil, sie ist ihre Bedingung.«

Damit liegt er ganz auf einer Linie mit Regina Tchelly und ihrem Projekt »Favela Organica«. Bergoglio war davon so beeindruckt, dass er einen Teil der vatikanischen Gärten in einen von den Nonnen des Klosters »Mater Ecclesiae« bewirtschafteten, nachhaltig organisierten Gemüsegarten umgestal-

»Die Statistiken zum Thema Abfall bereiten mir außerordentlich Sorge«, bekannte der Papst im Juni 2015 vor der Welternährungsorganisation.

ten ließ. Die tatsächliche »grüne Speisekammer« der Vatikanstadt jedoch bilden die Ländereien und Gutshöfe von Castel Gandolfo, etwa 30 km südlich von Rom. Sie produzieren biologisch »a chilometro zero«: Jeden Tag wandert das, was ihre 25 landwirtschaftlich genutzten Hektar hergeben, direkt in die Kantinen der Vatikanstadt, Casa Santa Marta eingeschlossen. Allmorgendlich fährt noch vor Sonnenaufgang ein Wagen von Castel Gandolfo zum Vatikan, beladen mit Fleisch, Geflügel, Eiern, Obst, Gemüse, Milch und Milchprodukten in allerbester Qualität.

Die wirkliche grüne Speisekammer des Vatikanstaates sind die Böden rund um die päpstlichen Güter von Castel Gandolfo.

Denn die Bauern verwenden nur natürlichen Dünger und halten die Tiere auf traditionelle Weise. Die Hühner, im Durchschnitt etwa 500, scharren freilaufend in der Erde. Die 70 Milchkühe werden mit Heu von den eigenen Wiesen, mit selbst gezüchteten Kräutern und Trockenfutter eigener Produktion gefüttert. Die 500 Liter Milch, die sie täglich geben, werden in handlichen Verpackungen in den Farben des vatikanischen Wappens verkauft, gelb-weiß also.

Da ist Naturreinheit garantiert – die Milch weist minimale Belastungswerte auf. Dasselbe gilt für den Joghurt, ob pur oder mit Früchten, den Ricotta, den Mozzarella, den Weichkäse »Stracchino« und den birnenförmigen »Caciacavallo« sowie alle in Castel Gandolfo produzierten Primo-Sale-Käse – sämtlich ohne Konservierungsstoffe. In der päpstlichen »Fattoria« wachsen auch Kälber auf, an die dreißig Stück gibt es,

vierzig Kaninchen und ein paar Strauße. Rundherum ziehen sich Weide- und Grasflächen, Obst- und Gemüsegärten. Hier wachsen Äpfel, Birnen, Pfirsiche, Weintrauben, Aprikosen und gelbe Kiwi, die man in Italien sonst kaum kennt. Große Vielfalt herrscht auch beim Gemüseanbau: Blattsalate, Zucchini, Auberginen, Tomaten, Bohnen, Spinat, Petersilie und aromatische Kräuter werden gezogen. Eine Plantage mit etwa 1500 Olivenbäumen produziert jährlich etwa 1700 Liter Olivenöl. In einer Ölmühle aus den 1930er-Jahren – damals wurde das Gut errichtet – werden die Oliven unter zwei schweren steinernen Rädern zermahlen. Die Weinberge geben einen großartigen Rotwein, den »Cesanese del Piglio«, an Weißweinen werden »Trebbiano« und »Malvasia« gekeltert.

Auch päpstlichen Honig gibt es, 130 Kilogramm Blütenhonig entstehen hier jährlich,

Unter anderem hat man in Castel Gandolfo auch die Samen ausgebracht, die der damalige Präsident der USA, Barack Obama, dem Papst als Geschenk überreichte.

ebenso feinste Marmeladen, die den Papst meistens am Namenstag, am Geburtstag oder an Weihnachten als Geschenk erreichen. Man bekommt sie auch im Lebensmittelhandel der »Città del Vaticano«. Wer an den öffentlichen Führungen durch die päpstlichen Gärten, die Franziskus im März 2014 für das Publikum geöffnet hat, teilnimmt, kann sie vor Ort ebenfalls erstehen.

Kurz: Vor dem Panorama der »Colli Albani« ist ein Gut entstanden, das die Art von Landwirtschaft betreibt, wie sie Franziskus auch in seiner Enzyklika »Laudato si« fordert: »Es gibt zum Beispiel eine große Mannigfaltigkeit an kleinbäuerlichen Systemen für die Erzeugung von Lebensmitteln, die den Großteil der Weltbevölkerung ernährt, während sie einen verhältnismäßig niedrigen Anteil des Bodens und des

Wassers braucht und weniger Abfälle produziert, sei es auf kleinen landwirtschaftlichen Flächen oder in Gärten, sei es durch Jagd, Sammeln von Waldprodukten oder kleingewerbliche Fischerei.« Dieses Gut könnte ein »Modell« für andere Bauernhöfe sein, die eine nachhaltige Nutzung der Umwelt mit der Weiterentwicklung landschaftlicher Anbaumethoden verbinden wollen.

In Castel Gandolfo wurden auch die Samen gepflanzt, die Barack Obama, der damalige Präsident der USA, im März 2014 dem Papst, in Samtsäckchen in einer lederbezogenen Schachtel verpackt, bei seinem Besuch des Vatikans überreichte. Sie entstammen dem berühmten Bio-Garten des Weißen Hauses, den Michelle Obama angelegt hat. Mittlerweile haben sie gekeimt und Früchte getragen: Gelbe Zucchini,

Petersilie, riesengroße Spinatpflanzen, Gewürzgurken, Okra – auch »Gombo« genannt, die mit den schwarzen Sklaven nach Nordamerika kamen –, zudem glatte grüne Paprika, «die leider nicht besonders geschmeckt hat«. Es gibt also ein kleines Stück Amerika in Castel Gandolfo.

Natürlich kursieren in den Medien auch Behauptungen über zusätzliche Nährstoffe, die der Papst angeblich regelmäßig zu sich nimmt, wie Krill- oder Lachsöl, beides reich an Omega-3-Fettsäuren und Vitaminen. Doch kann man das Geheimnis von Franziskus'

Vitalität auf garnelenförmige Krebstiere aus dem Plankton der Antarktis zurückführen, wie das Portal *Valores Religiosa* es tat? Seine »bewundernswerte Widerstandsfähigkeit, seine beneidenswerte Ruhe und seine Durchsetzungskraft, seine unglaubliche Durchsetzungskraft, sowohl privat wie auch öffentlich, bei schlampigen genauso wie bei renitenten Mitarbeitern«? Wohl eher nicht. »Wer Bergoglio von früher her kennt, ist nicht weniger überrascht, als jemand, der ihn erst in Rom kennengelernt hat oder als jemand, der vor dem regnerischen Abend

Während seiner Privataudienz im März 2014 überreichte der Präsident der Vereinigten Staaten, Barack Obama, Papst Franziskus Sämereien aus dem Garten des Weißen Hauses.

> Das Ergebnis guter Ernährung? Wir glauben, dass seine erstaunliche Vitalität vor allem aus der Kraft seines Glaubens erwächst, aus seinem Vertrauen in die Kraft der Menschlichkeit.

des 13. März noch nie etwas von ihm gehört hatte und nun sieht, wie er den Petersplatz überquert, in praller Sonne und unendliche Strecken zwischen den Gläubigen zurücklegt.«

Manche schreiben darüber als »göttlichen Ausnahmezustand«, andere bewundern einfach die Kraft und den Mut dieses über 80-jährigen, der sich schon in seiner Antrittspredigt mit Verantwortlichen in Politik und Wirtschaft angelegt hat: »Lasst uns Hüter der Schöpfung, des in die Natur hineingelegten Planes Gottes sein, Hüter des anderen, der Umwelt; lassen wir nicht zu, dass Zeichen der Zerstörung und des Todes den Weg dieser unserer Welt begleiten.«

Diese Kraft verlässt Papst Franziskus auch auf seinen Auslandsreisen nicht. Tausende von Journalisten hatten Mühe, ihm zu folgen, als er bei seinem Besuch in Brasilien

(22. Juli bis 28. Juli 2013) nach dem Gang durch eine Favela ein Krankenhaus besuchte, dann von einer sonnigen Esplanade aus die Menge begrüßte und hinterher ein Treffen hinter verschlossenen Türen wahrnahm. Ein ähnlich anspruchsvolles Programm absolvierte er bei seiner Reise nach Afrika Ende November 2015, als er in nur fünf Tagen Kenia, Uganda und die Zentralafrikanische Republik besuchte und sich nicht scheute, Amtsmissbrauch zu kritisieren und eine gerechte Verteilung der Güter sowie eine Beteiligung aller, auch oppositioneller Kräfte, am nationalen Leben zu fordern.

Zu den mittlerweile 21 Auslandsreisen, die Papst Franzikus in Krisengebiete auf der ganzen Welt geführt haben, kommen auch noch die Pastoralbesuche innerhalb Italiens, 12 bisher. Ein straffes Programm. Der

Terminkalender des Pontifex wird wohl auch in Zukunft nicht leerer werden.

Das Ergebnis guter Ernährung? Wir glauben, dass seine erstaunliche Vitalität vor allem aus der Kraft seiner Sendung erwächst, aus seinem Glauben an eine alles überwindende Liebe. »Nur wer mit Liebe dient, kann behüten und beschützen«, lauteten seine Worte in der Antrittspredigt. Die Liebe gilt allen, besonders aber, so Franziskus, den Armen, den Fremden, den Obdachlosen, den Nackten und den Kranken.

Die Gläubigen haben das – anders als manche Staatspräsidenten, manche Kurienkardinäle und manche katholischen Traditionalisten – längst verstanden. Sie bevölkern nicht nur zu Zehntausenden den Petersplatz bei Franziskus' Generalaudienzen, sie lassen sich von seinen Thesen anrühren und überhäufen ihn zum Dank dafür mit Geschenken: Kleidung, Decken, Bilder, Haushaltsgeräte, Kaffeemaschinen, Bücher, Blumen, Stoffe, Fahrräder, Ornate, Kruzifixe und, und, und. Der Heilige Stuhl musste zusätzliches Personal engagieren, um dieser Flut Herr zu werden. Es kam auch schon vor, dass das Papamobil unter den Geschenken beinahe kollabierte.

Doch die Nachfolger Petri dürfen – schon aus Tradition – nichts davon behalten. Sie leiten diese Gaben an Anstalten, Stiftungen, Vereine und Bedürftige weiter. Franziskus hat, unter großem Beifall, periodische Auktionen sowie eine jährliche Lotterie dafür vorgeschlagen. Die Einnahmen daraus werden besonders Bedürftigen zugewiesen, z. B. den Bewohnern der erdbebengeschädigten Regionen in Mittelitalien.

Verderbliche Gaben gehen an die »Tafeln« in Rom und an die Suppenküchen, die Bedürftige und Obdachlose verköstigen. Gerade »essbare Huldigungen« erreichen Franziskus in großer Menge. Nicht nur Pizze, wie schon berichtet, sondern auch Süßigkeiten, Gebäck, Torten, Schokolade oder selbst gemachte Pasta, Früchte, Wein und Milchprodukte. Manche übertreffen an Kuriosität alles bisher Dagewesene, so beispielsweise das bunte Wägelchen aus der Diözese Agrigento in Sizilien, das aus »Pasta di Mandorle« – aus Mandelplätzchenteig – gebaut war und 115 Kilogramm wog. Die

Auszubildenden einer Konditor-Schule hatten es unter Anleitung des »pastry chef« Lillo Chianetta gebaut. Auch aus dem Ausland treffen immer wieder Geschenke ein, vor allem aus Argentinien, von Priestern, Gläubigen oder Laien, die den Papst besuchen. Das meiste sind Körbe und Körbchen mit Leckereien aller Art, vor allem mit den schon genannten *alfajores*. Direkt aus Buenos Aires gelangen immer wieder *bonboncitos* zum Papst, mit süßer Milchcreme gefüllte Bonbons aus der »Pasticceria Norma Marrone«, die er als Erzbischof sehr geschätzt hat. Auch Kanzlerin Merkel weiß, dass Liebe durch den Magen geht: Bei ihrem sechsten Besuch im Vatikan offerierte sie dem Papst argentinische Süßigkeiten. Sie war gerade von einem Staatsbesuch in seiner Heimat zurückgekehrt und hatte ihm drei

Es sind die kleinbäuerlichen Systeme, die den Großteil der Weltbevölkerung ernähren, während sie einen verhältnismäßig niedrigen Anteil des Bodens und des Wassers brauchen ...

Bundeskanzlerin Angela Merkel brachte Franziskus, mit dem sie in der Flüchtlingsfrage sehr sympathisiert, im Juni 2017 seine Lieblingssüßigkeit mit – denn Liebe geht durch den Magen.

große Gläser *dulce de leche* der Marke San Ignacio sowie eine große Schachtel *alfajores* mitgebracht. Mit einem herzlichen »Danke schön« nahm der Papst sie an. Seit er in den 1980er-Jahren an der Jesuiten-Kommunität St. Georgen in Frankfurt/Main über den italienischen Theologen und Religionsphilosophen Romano Guardini (1885–1968) geforscht hat, spricht er etwas Deutsch.

Originell auch der »Formaggio del Perdono«, der »Käse der Vergebung«, den ein Ex-Häftling, Gast der von Don Oreste Benzi gegründeten Vereinigung »Gemeinschaft Papst Johannes XXIII.«, überreichte. Die Vereinigung sizilianischer Bäcker bedachte ihn mit einer Monstranz und seinem Porträt – in Brot gebacken. Aus der Strafvollzugsanstalt in Paliano (Frosinone) schickten ihm die Häftlinge ihre Erzeugnisse: Körbe mit Zucchini, Kürbisblüten, Gurken, Öl und Käse.

Die Insassen des Jugendgefängnisses von Airola (Benevento) übersandten dem Papst Süßigkeiten und ein Kreuz aus Brot. Spezialitäten aus Apulien erreichten ihn über die »Assoziazione Cuochi« und ihren Präsidenten Pasquale Fatalino: Er übergab ihm eine Kiste mit apulischen Spezialitäten und eine mit Zuckerguss kunstvoll verzierte Torte in Form einer Bäckerhaube. Nicht zu vergessen die 140 Kilogramm schwere Arche Noah aus Schokolade von der Vereinigung »La Banda degli Orsi«, einer Freiwilligenorganisation aus Genua, die erkrankten Kindern und ihren Familien den Aufenthalt in Kliniken erleichtert. Auch eine Weihnachtskrippe aus Brot erreichte den Papst: Fabio Albanesi und die Bäckerinnung aus dem Latium hatten sie gebacken.

Und immer wieder bekommt er Torten – Mandeltorten, Nusstorten, Maroni-Torten – ungezählte, so kunst- wie liebevoll verzierte Werke. Erwähnt sei nur die von Luca Montersino, einem international renommierten Patissier, Gründer von »Golosi di Salute« – etwa »gesunde Süßigkeiten« –, der

Torta ai marroni

Diese cremige Maronen-Torte, kreiert von Patissier Luca Montersino am 19. Dezember 2014 für Papst Franziskus, enthält mit ihren Hauptzutaten – Nougat und glasierten Maronen – quasi die Essenz des Piemont.

Zutaten für 2 kleine Torten
Für den Biskuitteig: 2 Eier + 1 Eigelb
94 g Zucker ▪ 1 Vanilleschote ▪ 10 g Kartoffelstärke ▪ 50 g Mehl ▪ 20 g Kakao, entölt
20 g geschmolzene Butter
Für die Füllung: 125 g Bio-Vollmilch
3 Eigelb ▪ 70 g Zucker ▪ 4 g Gelatinepulver
150 g geriebene Zartbitterschokolade
30 ml Rum ▪ 62 g Nougatcreme ▪ 100 g Kastaniencreme ▪ 100 g geschmolzene Butter

Für den Kakao-Biskuit-Teig schlagen Sie die Eier, das Eigelb und das Mark der Vanilleschote mit dem Zucker schaumig. Ziehen Sie Kartoffelstärke, Mehl, Kakao und die Butter vorsichtig darunter. Geben Sie die Masse in zwei gebutterte und mit Mehl bestäubte Backformen mit 20 cm Durchmesser. Backen Sie den Biskuit 25 Minuten bei 180 °C im vorgeheizten Ofen.

Für die Füllung erwärmen Sie in einem Topf die Milch. Rühren Sie die Eigelb mit dem Zucker schaumig. Rühren Sie nun die heiße Milch unter das Eigelb, geben Sie das Ganze wiederum in den Topf und erhitzen Sie es unter stetigem Rühren auf 82 °C. Ziehen Sie das Gelatinepulver, die Schokolade, den Rum, die Nougat- und die Kastaniencreme unter die Milch-Ei-Masse. Lassen Sie sie etwas abkühlen und ziehen Sie dann die geschmolzenen Butter unter.

Schneiden Sie die beiden Biskuit-Teige in je vier Scheiben, wovon Sie je eine Scheibe durch ein Sieb streichen, um feinste Biskuit-Brösel zu erhalten. Bestreichen Sie die restlichen Böden mit der Maronen-Creme. Setzen Sie sie zu zwei Torten aufeinander und bestreichen Sie auch deren Ränder und Oberflächen mit Maronencreme. Bestreuen Sie beide Torten mit den Biskuitbröseln und verzieren Sie sie nach Gusto mit Puderzucker, mit Sahnetupfen oder mit glasierten Maronen.

in seiner Konditorei in Monticello d'Alba in der Provinz Cuneo mit Desserts aus »gesunden, unkonventionellen, aber äußerst schmackhaften und bekömmlichen Zutaten« experimentiert. Besonders sind die süßen Kunstwerke, die an Franziskus' Namenstag, dem Georgitag am 23. April, und an seinem Geburtstag am 17. Dezember in den Vatikan gebracht werden. Der Besitzer des »Hedera«, einer erfolgreichen Gelateria-Pasticceria am Borgo Pio, 100 Meter vom Vatikan, Francesco Maria Ceravolo, stellt sie her.

Er eröffnete das »Hedera« am 13. März 2013, dem Tag der Papstwahl. Für Ceravolo, der ursprünglich aus der Finanzwelt kommt, eine Herausforderung. Da der Borgo Pio eine äußert belebte Straße ist, die direkt in den Vatikan führt, blieb es nicht aus, dass auch die dortigen Angestellten am »Hedera« Halt machten. Deren Begeisterung sprach sich in der Vatikanstadt schnell herum, und so erreichte Ceravolo bald eine Bestellung aus der Casa Santa Marta: eine einfache Torte aus naturreinen Zutaten zum Namenstag des Papstes. Gemeinsam mit dem Konditor Massimo Grosso buk er aus weichem Biskuitteig, sizilianischen Pistazien und Haselnüssen aus Viterbo – südlich des Lago di Bolsena – eine Torte ohne zusätzliche Fette, mit einem feinen Überzug aus Marzipan, auf dem der heilige Georg mit dem Drachen dargestellt war.

Der Papst bedankte sich sehr, und nicht nur er: Ceravolo hatte zum selben Anlass eine Menge erstklassiger Desserts in die Suppenküchen der Bedürftigen geliefert. Vom *Domus Sanctae Marthae* häuften sich

Die erste Anfrage aus der Küche des vatikanischen Gästehauses: eine einfache Torte aus biologisch produzierten Zutaten zum Namenstag des Papstes, dem Tag des heiligen Georg am 23. April.

daraufhin die Bestellungen: Eiscreme, eine Torte mit dem Emblem des Heiligen Jahres der Barmherzigkeit und eine für die Feier des Hochfestes der Apostel Peter und Paul am 29. Juni.

Alle Torten wurden mit Bio-Zutaten zubereitet, so wie der Papst es bevorzugt. Auch die Torte für seinen achtzigsten Geburtstag kam aus Ceravolos Küche. Ein Kunstwerk mit einem »Herz« aus Mate, dem Lieblingsgetränk des Papstes, mit Schichten aus Biskuitteig, gefüllt mit frischer Orangencreme. Obenauf prangten eine »80« und Fotos von Franziskus, umringt von Flüchtlingskindern aus Aleppo. Zur Zeit arbeitet der Besitzer des »Hedera« an einer neuen Kreation: Zur nachmittäglichen Erfrischung von »Papa Francesco« entwickelt er eine Granita, ein fein gestoßenes Wassereis, aus Brombeeren und schwarzen Maulbeeren. »Eine einfache Bekömmlichkeit. Natürlich und schlicht. Wie der Heilige Vater«, meint Ceravolo, der – wie Tausende andere, am Abend des 13. März 2013 auf dem Petersplatz stand, um den neu gewählten Papst zu begrüßen. Nur wenige Stunden vorher hatte er seine Gelateria eröffnet – ein schicksalhafter Zufall? Wer weiß?

Pan di Spagna all'arancia con cuore di mate

Zutaten für 1 Torte
6 Bio-Eier ▪ 420 g weißer Rohrzucker
40 g Buchweizenmehl ▪ 140 g Reismehl ▪ Salz
300 ml Mate-Tee (Rezept siehe S. 86)
10 g Agar-Agar (Pulver) ▪ 2 Eigelb
12 g Maisstärke ▪ 1 Bio-Orange ▪ 200 ml Bio-Vollmilch

Verschlagen Sie die Eier mit 180 g Zucker so lange, bis die Masse schaumig ist und ihr Volumen verdoppelt hat. Sieben Sie Buchweizen- und Reismehl sowie eine Prise Salz darüber und heben Sie das Ganze mit dem Schneebesen vorsichtig unter. Geben Sie die Masse in eine gefettete und bemehlte Springform mit 20 cm Durchmesser und backen Sie sie im vorgeheizten Ofen für 25 Minuten bei 180 °C.

Filtern Sie den Mate-Tee, geben Sie 180 g Zucker und das Agar-Agar hinzu. Erhitzen Sie die Mischung fünf Minuten lang auf kleiner Flamme, sodass sich das Geliermittel auflösen kann. Geben Sie die Masse in eine Konditorform mit 20 cm Durchmesser, wo sie erstarren kann.

In einer Schüssel verschlagen Sie 2 Eigelb mit 60 g Zucker und der Maisstärke. Geben Sie die geriebene Schale der Orange in die Milch, kochen Sie sie auf und gießen Sie sie langsam in die Ei-Zucker-Stärke-Mischung. Unter stetigem Rühren erhitzen Sie das Ganze vier Minuten lang, dann lassen Sie es abkühlen.

Schneiden Sie den Biskuitteig quer durch. Legen Sie die erstarrte Mate-Masse darüber. Bestreichen Sie sie mit Orangencreme und decken Sie die zweite Schicht Biskuitteig darüber. Mit Puderzucker und Orangenzesten dekorieren

9.

Der Papst begibt sich »an die Ränder« – der Gesellschaft und des Geschmacks

Rate mal, wer zum Essen kommt? Papst Franziskus! Es kann einen Tag, ja vielleicht das ganze Leben, ziemlich aus dem Gleichgewicht bringen, wenn es plötzlich an die Tür klopft und jemand mitteilt: »Der Heilige Vater ist in der Gegend. Er hat sich ein paar Stunden freigenommen, um einen befreundeten Bischof hier zu besuchen. Könntet Ihr ihn mittags bewirten?« So geschah es der kleinen Schar von Benediktinerinnen im Franziskus-Kloster in Poggio Cinolfo in den Abruzzen im August 2016.

Wie man sich vorstellen kann, brachte diese Ankündigung die Schwestern in ihrer kleinen Gemeinde, einer der vielen alten religiösen Gemeinschaften, die sich zwischen Rieti und L'Aquila verstreut auf dem Rücken des Apennin angesiedelt haben, in erhebliche Unruhe. Sie zogen die besten Tischtücher, ihr feinstes Geschirr und

Besteck heraus, um den so werten wie unerwarteten Gast würdig zu empfangen, und alarmierten die Köchin Rosina Cuda Artibani.

In aller Schnelle stellten sie aus dem, was die Speisekammer des Konvents hergab, ein einfaches Menü zusammen. Mittags erschien Franziskus an der Pforte des Klosters, von wo das Auge über die grünen Weiden des Valle del Cavaliere und der Reatina-Hochebene schweift. Er kam mit seinem Freund, Monsignore Domenico Pompili, dem Bischof von Rieti, der diese päpstliche »Flucht« organisiert, aber geheimgehalten hatte, um den privaten Charakter des Besuchs nicht zu beeinträchtigen. Bergoglio begrüßte die Benediktinerinnen, bedankte sich für ihren Empfang und zog sich dann zum Gebet in die Kapelle des Konvents zurück. Man sagt, dass auch der heilige Franz von Assisi, sein

Namenspatron, hier gebetet habe. Nach einem langen Gespräch mit seinem Freund unter den uralten Bäumen des Parks begab er sich zum Mittagessen. »Sie essen selbstverständlich mit uns«, wandte er sich an Signora Rosina, die – obwohl sicher, dass sie trotz der kurzen Vorbereitung ein perfektes Mahl auf den Tisch bringen würde – so überwältigt wie verwirrt war. Zur Vorspeise servierte sie Wurst und Käse aus der eigenen Produktion des Klosters, gefolgt von *Fettuccine al pomodoro*. Danach reichte sie im Ofen gebackene Hühnerbrust, ein Lieblingsgericht von »Papa Francesco«, mit grünen Bohnen in Zitrone, Pommes frites und Salat. Zum Nachtisch hatte sie einen Mürbteig-Kuchen mit Marmelade gebacken, zu dem sie Obstsalat reichte. Eine Mahlzeit ohne Übertreibung oder Exzesse, so wie der Papst es schätzt. Als er sich bei der Köchin dafür bedankte, fiel ihm das Amulett auf, das sie um den Hals trug. Es enthält das Bild ihres bei einem Verkehrsunfall tödlich verunglückten Sohns. Er küsste den Anhänger und versprach, für den Sohn zu beten. Eine überwältigende Geste für Rosina. Sie zeigt die Fähigkeit des Papstes, sich in andere Menschen einzufühlen, die Realitäten der Peripherie wahrzunehmen, »von wo aus man das Zentrum besser sieht«.

Dass die Kirche ihre Perspektive wechseln, sich auf Augenhöhe mit den Gläubigen begeben muss, betont der Papst oft. Sein persönlicher Wechsel der Blickrichtung bringt ihn dazu, sich zur Gänze auf die Gemeinschaft mit anderen einzulassen, auch beim Essen. Andere Länder, andere Sitten, aber immer dasselbe

Fettuccine al pomodoro

Zutaten für 6 Personen
500 g Mehl Type 405 oder Tipo 0 ▪ 5 Eier
Salz ▪ 1 kg Rispen- oder San-Marzano-Tomaten
1 EL Olivenöl ▪ einige Blätter Basilikum
Peperoncinoflocken ▪ etwas geriebener
Pecorino

Häufeln Sie das Mehl auf ein Backbrett und drücken Sie eine Mulde hinein. Verschlagen Sie 5 Eier und geben Sie sie mit 1 Prise Salz in die Mulde. Verarbeiten Sie Eier und Mehl von innen nach außen, zuerst mit einer Gabel, dann mit den Händen, bis Sie einen weichen, glatten Teig erhalten. Umwickeln Sie ihn mit Frischhaltefolie und lassen Sie ihn 30 Minuten ruhen.

Nun waschen und putzen Sie die Tomaten, halbieren sie und drücken sie flach, damit Flüssigkeit und Samen austreten. Köcheln Sie sie unter Rühren auf kleiner Flamme, bis sie weich werden. Streichen Sie das Tomatenmus durch ein Sieb und geben Sie diesen Sugo in einen Topf, zusammen mit Olivenöl, 1 Prise Salz und einigen Blättern Basilikum. Kochen Sie das Ganze so lange, bis es eindickt.

Rollen Sie den Teig 1 bis 2 mm dick zu einem Rechteck aus, bemehlen Sie ihn und rollen Sie das Rechteck vorsichtig zusammen. Von dieser Rolle schneiden Sie 3 bis 4 Millimeter breite Scheiben ab, Ihre Fettuccine, die Sie mit den Fingern noch etwas auflockern können. Kochen Sie die Pasta 5 Minuten in Salzwasser, gießen Sie sie ab und mischen Sie sie mit der heißen Tomatensauce. Eine Prise Peperoncino und etwas geriebener Pecorino vervollständigen dieses »primo«.

einfühlende Verhalten, egal ob der Heilige Vater in ausländischen Großstädten Station macht oder in italienischen Weilern. Nie lehnt er ab, wenn ihm typische Spezialitäten der Gegend angeboten werden – es ist, als wolle er über das Essen auch die Gegend und ihre Bewohner besser kennen, verstehen lernen. Diese Herangehensweise bedingt ein für einen Papst bisher undenkbar zwangloses Verhalten, das Franziskus großen Handlungsspielraum und viel Freiheit gibt.

Was während seines Besuchs in Florenz im November 2015 geschah, steht schon in den Annalen. In einer energischen und deutlichen Predigt in der Kathedrale von Santa Maria del Fiore entwarf der Pontifex eine Kirche »in Bewegung, die die Nähe der Verlassenen, der Vergessenen, der Beeinträchtigten sucht«, eine »verbeulte, verdreckte Kirche« ist ihm lieber als »eine kranke, selbstbezogene Kirche, die sich verbarrikadiert«. Was das bedeutet, zeigte Franziskus im Anschluss an die Predigt: Zum Mittagessen ging er in die Mensa der Caritas von San Francesco Poverino an der Piazza Santissima Annunziata. Mit dem regulären Mitgliedsausweis ließ er sich registrieren, so wie es die Armen ebenfalls tun müssen, und aß seine Pasta mit Plastikbesteck vom Plastikteller, wie alle anderen. Es gab ein typisch toskanisches Menü: die klassische *Ribollita*, eine Gemüsesuppe mit Brot, ursprünglich aus Resten gekocht, *Penne al Ragù*, ein Stückchen Fleisch mit Bohnen und Kartoffelpüree, gefolgt von regionalen Süßigkeiten, dem florentinischen Karnevalsgebäck *Schiacciata* und *Cantuccini di Prato*.

Der Heilige Vater nahm sich Gemüse, verzichtete auf das Fleisch, sagte aber nicht Nein zu einem Stück Torte mit dem päpstlichen Wappen. Sogar Wein wurde serviert: ein Weißwein, den die Häftlinge auf der Gefängnisinsel Isola di Gorgona vor Livorno, der letzten landwirtschaftlichen Strafkolonie Italiens, produzieren. Man überreichte ihm auch zwei Flaschen Vin Santo aus dem Weinberg des Sollicciano-Gefängnisses in Florenz.

Seine achtsame Hinwendung zu Menschen hinter Gittern gehört zu den ihm sehr wichtigen Prinzipien. Oft speist er auf seinen Pastoralbesuchen mit den Gefangenen, zum Beispiel in Neapel, in Castrovillari in Kalabrien, in Palmasola (Bolivien), in Mailand, in der Ciudad Juárez (Mexiko) oder in der *Casa Correccional Buen Pastor* in Paraguay. Als sich ihm im März 2015 die Pforten des Gefängnisses von Poggioreale öffneten, stimmten 300 Häftlinge das berühmte »Oi vita, oi vita mia«, ein italienisches volkstümliches Lied aus dem Jahr 1915, an.

Danach speiste er mit über 100 Insassen, die per Losentscheid ausgewählt worden waren. Es gab, wie üblich, drei Gänge – keiner davon aus der Kategorie »Festessen«. So hatte Franziskus es gewollt. Alles sollte sein wie immer, mit Ausnahme des Gastes natürlich. Serviert wurden überbackene *Maccheroni al Ragù* mit *Mozzarella die Bufala*, Kalbsbraten mit Kräutern begleitet von Brokkoli und neuen Kartoffeln. Zu guter Letzt kam traditionelles Gebäck auf den Tisch: *Sfogliatelle* – gefüllte Blätterteigtaschen – und *Babà napoletano*. Gekocht

Ribollita

Zutaten für 8 Personen
400 g weiße Bohnen ▪ 1 in Ringe geschnittene Zwiebel ▪ 1 gewürfelte Karotte ▪ 1 klein gewürfelte Stange Sellerie ▪ 10 klein gehackte Tomaten ▪ 2 gewürfelte Kartoffeln ▪ 1 in Streifen geschnittener Schwarzkohl ▪ ½ in Streifen geschnittener Weißkohl ▪ 2 gewürfelte Zucchini ▪ 1 kleine Dose passierte Tomaten ▪ altbackenes Weißbrot

Weichen Sie am Abend zuvor die Bohnen ein. Gießen Sie anderntags das Wasser ab und bringen Sie die Bohnen in frischem, kaltem Wasser zum Kochen. Reduzieren Sie dann die Hitze und lassen sie bei kleiner Flamme ziehen.

In einem großen Topf lassen Sie die Zwiebel in etwas Olivenöl glasig werden, fügen dann Karotte und Sellerie hinzu. Nach fünf Minuten geben Sie die Tomaten hinein und köcheln alles etwa 10 Minuten zugedeckt bei mittlerer Hitze.

Geben Sie nun die Kartoffeln, nach weiteren zehn Minuten den Schwarz- und den Weißkohl hinein und mischen diese gut unter. Zum Schluss fügen Sie die Zucchinistücke und die Hälfte der Bohnen mit einem Teil des Kochwassers hinzu.

Die restlichen Bohnen kochen Sie weich, rühren die passierten Tomaten unter und pürieren das Ganze, bevor Sie es zur Gemüsesuppe in den großen Topf geben. Lassen Sie alles so lange köcheln, bis die ganz gebliebenen Bohnen weich sind – insgesamt sollten sie 1½ Stunden Kochzeit hinter sich haben.

Schneiden Sie das Weißbrot (idealerweise ungesalzenes, toskanisches) in Würfel, die Sie im Ofen anrösten. Geben Sie einen Teil der Würfel in Suppenschüsseln, gießen etwas Ribollita darüber und wiederholen den Vorgang. Wer mag, gibt bei Tisch noch etwas Olivenöl über diesen Eintopf.

Maccheroncini al forno con ragù napoletano e mozzarella di bufala

Zutaten für 8 Personen
1 gewürfelte Zwiebel ▪ 250 g Schweinerippchen
200 g mageres Kalbfleisch ▪ 500 g Rippenstück
vom Rind ▪ 200 g Salsiccia ▪ 100 ml Rotwein
1 l Tomatensauce ▪ Salz ▪ grob gehacktes
Basilikum nach Belieben ▪ 800 g Makkaroni
300 g Büffelmozzarella

Dieses Rezept für Ragout Neapolitanische Art ist
zwar einfach, für diese würzige Sauce braucht es
aber viel Aufmerksamkeit und vor allem Zeit.

In einer tiefen Pfanne braten Sie die Zwiebel und
das in Würfel geschnittene Fleisch sowie die in
Scheiben geschnittenen Würste kräftig an. Die
oben angegebenen Sorten und Mengen können
Sie variieren. Sobald das Fleisch gut gebräunt ist,
löschen Sie es mit dem Rotwein ab und geben
dann die Tomatensauce dazu.

Lassen Sie das Ganze auf kleinster Flamme drei
Stunden lang simmern und geben Sie ab und an
etwas Wasser und etwas Salz hinzu. Kurz vor Ende
der Kochzeit würzen Sie mit dem Basilikum.

Zwischenzeitlich kochen Sie in reichlich Salzwasser
800 g Makkaroni bissfest. Sobald sie »al dente«
sind, mischen Sie sie mit dem Ragout. Geben Sie
alles in eine feuerfeste Form, zerkleinern Sie den
Mozzarella und gratinieren Sie die Maccheroni
damit (im Ofen bei 200 °C oder unter dem Grill).
Heiß servieren.

hatten Häftlinge, die Küchenchef Giuseppe
Daddio, Leiter der Kochschule »Dolce e
Salato« in Maddaloni, 30 Kilometer nördlich
von Neapel, gemeinsam mit dem Patissier
Aniello di Caprio ausbildet. Der Papst trank
keinen Alkohol: »Wenn ich Wein trinke, rede
ich dummes Zeug«, scherzte er. Es war ein
wirklich besonderer Tag für Poggioreale und
Neapel: ein Papst, der sich mit Häftlingen
gemein macht und denjenigen auf Augenhöhe begegnet, die die Gesellschaft wegsperrt,
denen sie misstraut im Glauben, sie könnten
sich nicht ändern.

In Mailand, das ihn, so Bergoglio im
örtlichen Dialekt »col coeur in man«, also
mit dem Herzen in der Hand, aufnahm,
widmete er drei seiner zehn Besuchsstunden
den Insassen der Strafanstalt von San
Vittore. 100 Häftlinge aßen mit ihm an einer
über 50 Meter langen, in den Farben des
Vatikans gedeckten Tafel. Auch hier bereite-
ten Auszubildende der »Libera Scuola di
Cucina« unter der Leitung von Chefkoch
Stefano Isella die Gerichte zu. Das für
Mailand charakteristische Menü bestand aus
Safran-Risotto, Koteletts mit Kartoffeln samt
einer Spezialität der romanischen Küche,
den Artischocken *alla Giudia*, gefolgt von
Panna Cotta. Dieses Menü bekamen alle
860 Insassen von San Vittorio, nicht nur
diejenigen, die mit dem Papst speisten.

Es waren beeindruckende, sehr emotionale Stunden im Gespräch mit diesem besonderen Gast. Gerade das Zusammensein war
es, so Marina De Berti von der »Libera
Scuola di Cucina«, das diesen Besuch
auszeichnete. Für die Häftlinge »war es eine

Besonderheit, eigenhändig das Essen für den Papst zubereiten und dann gemeinsam mit ihm bei Tisch sitzen zu dürfen.«

Dasselbe außergewöhnliche Klima herrschte auch im Juni 2015 in Turin, wo Franziskus mit einer Gruppe aus der Jugendstrafanstalt »Ferrante Aporti« im erzbischöflichen Palast speiste. Diese Erfahrung hinterließ einen tiefen Eindruck bei den Jugendlichen, denn in einer Welt, »in der die Mächtigen unter sich bleiben, setzt Franziskus – in der kollektiven Einschätzung womöglich der mächtigste Mann der Welt – sich mit den Ausgegrenzten zu Tisch, isst mit ihnen, formlos und vollkommen familiär, zu Mittag.« So kommentierte der Salesianer Don Domenico Ricca, seit 35 Jahren Kaplan des Turiner Jugendgefängnisses. Am 27. Mai 2017 gab es auch in Genua einen denkwürdiger Aufenthalt. Zu Mittag traf der Papst in der Sala del Caminetto, die zum Sanktiarium der *Madonna della Guardia* gehört, 135 Menschen – Flüchtlinge, Obdachlose, Häftlinge und Freiwillige verschiedener kirchlicher Organisationen. Gemeinsam aßen sie ein typisch ligurisches Menü: *Trofie al pesto* – gedrehte Nudeln aus Hartweizengries –, Kalbsbraten mit Kartoffeln, *cima di rapa* – Stängelkohl – und Obstkuchen. Gekocht hatten die Köche der sozialen Initiative »San Giorgo Grande«. Besonders lobte Franziskus das Pesto von Luciano Belloni, Besitzer des Restaurants »Zeffirino«. Seit Jahren schickt Belloni Gläser mit seinem *sugo genovese* in den Vatikan. Er lässt sich

weiter auf Seite 173

Risotto allo zafferano

Zutaten für 4 Personen
1,5 l Fleisch- oder Gemüsebrühe ▪ 1 Zwiebel 70 g Butter ▪ 400 g Carnaroli-Reis ▪ 1 Beutel Safranfäden ▪ Salz ▪ Parmesan

Für diesen Safran-Risotto bringen Sie die Fleisch- oder Gemüsebrühe zum Kochen.

Schneiden Sie die Zwiebel in kleine Würfel und dünsten Sie sie mit einem nussgroßen Stück Butter in einer weiten Pfanne goldgelb an. Geben Sie den Carnaroli-Reis (oder einen gleichwertigen Risottoreis, etwa Arborio) in die Pfanne und dünsten Sie ihn eine Minute unter stetem Rühren glasig.

Nun geben Sie nach und nach die Brühe zum Reis: Er darf nicht aufhören zu köcheln. Nach 18 bis 20 Minuten sollte er bissfest sein (beachten Sie auch die Packungsbeilage.). Gegen Ende der Kochzeit weichen Sie die Safranfäden (ein paar davon für die Garnitur zurückbehalten!) in 1 EL Brühe ein und rühren die orangefarbene Flüssigkeit in den Reis.

Nehmen Sie den Risotto von der Flamme und rühren 50 g Butter, 1 Prise Salz und 4 EL frisch geriebenen Parmesan hinein. Servieren Sie den Risotto garniert mit Safranfäden und zusätzlichen Parmesanspänen.

In einer Welt, »in der die Mächtigen unter sich bleiben, setzt Franziskus … sich mit den Ausgegrenzten zu Tisch, isst mit ihnen, formlos und vollkommen familiär zu Mittag«.

Don Domenico Ricca, Kaplan der Jugendstrafanstalt Ferrante Aporti

Cima genovese

Dieses gefüllte Kalbfleisch widmet sich dem Thema »Verwertung«. Sie brauchen Fleisch dafür, das heute nicht mehr überall angeboten wird: Bauchfleisch vom Kalb. Erkundigen Sie sich bei Ihrem Metzger danach und bitten Sie ihn, das Fleisch gleich richtig vorzubereiten: Man muss in ein Stück Bauchfleisch eine Tasche schneiden und sie an drei Seiten zunähen. Außerdem werden für die traditionelle Zubereitung statt dem mageren Kalbfleisch verschiedene Innereien, wie z. B. Kalbsbries, Hirn oder Knochenmark verwendet.

Zutaten
200 g mageres Kalbfleisch ▪ 1 Knoblauchzehe Olivenöl ▪ 100 g Erbsen, gepalt und blanchiert (frisch oder TK) ▪ 1 Brötchen vom Vortag Salz ▪ Pfeffer ▪ 2 Eier ▪ 100 g Parmesan, gerieben ▪ 1 Prise Majoran ▪ 2 kg Bauchfleisch vom Kalb ▪ 1 Karotte ▪ 1 Zwiebel ▪ 1 Stange Sellerie

Für die Füllung braten Sie das in kleine Stücke geschnittene Kalbfleisch mit dem Knoblauch in etwas Olivenöl in der Pfanne an. Geben Sie die Erbsen hinzu sowie das in Wasser eingeweichte, zerpflückte Brötchen. Salzen und pfeffern Sie die Mischung und lassen Sie sie bei mittlerer Hitze einige Minuten Farbe nehmen. Nachem sie etwas abgekühlt ist, vermischen Sie sie mit den Eiern, dem Parmesan und dem Majoran.

Füllen Sie die Fleischtasche nur etwa bis zur Hälfte mit der Masse, denn die Füllung dehnt sich beim Kochen aus. Nähen Sie die Tasche mit Küchengarn zu und geben Sie das Fleisch zusammen mit Karotte, Zwiebel und Sellerie in einen Topf mit lauwarmem Salzwasser.

Bringen Sie das Wasser zum Kochen und lassen Sie das Fleisch ungefähr 2 Stunden darin bei kleiner Hitze köcheln. Bläht es sich dabei zu sehr auf, stechen Sie vorsichtig ein paar Löcher hinein. Nach dem Kochen drücken Sie das Fleisch mithilfe zweier Teller zusammen, sodass das überschüssige Wasser austritt. Lassen Sie es etwas abkühlen, schneiden Sie es in 1 cm Zentimeter dicke Scheiben und servieren Sie es lauwarm oder kalt mit Beilagen Ihrer Wahl.

Schlicht sollte das Essen sein,
damit es nicht ablenkt und die
Ideen, die gemeinsamen Visionen
vom Schicksal der Welt Raum
finden ...

gut mit Trofie und *mandilli di sæa*, übersetzt »Taschentücher aus Seide«, flachen ligurischen Nudelvierecken, kombinieren. Auch hier kam kein Alkohol auf den Tisch. Was nicht bedeutet, dass es nicht heiter zugegangen wäre: Bergoglio war bester Laune und scherzte mit den beiden Häftlingen zu seiner Rechten und Linken, zwei jungen Afrikanern, die auf ihren Asylbescheid warten und ihm Einzelheiten ihrer Flucht schilderten.

Franziskus nutzt das gemeinsame Mahl, um Brücken zu schlagen, um seine Botschaft der Menschlichkeit zu verkünden. Am 20. September 2016 kam er erneut nach Assisi, um an dem von der Gemeinschaft »Sant' Egidio« organisierten Friedenstreffen teilzunehmen. Beinahe prophetisch war das Bild von den Leitern der Weltreligionen, die gemeinsam mit Flüchtlingen an einem Tisch saßen, Christen und Muslime, Katholiken und Kopten aus Ländern wie Syrien, Pakistan, Afghanistan, Eritrea, Mali und Nigeria, sämtlich krisengeschüttelte Regionen voller Gewalt. Im Mutterkloster der Franziskaner, dem *Sacro Convento*, waren acht verschiedene Menüs vorbereitet worden: vegetarisch, koscher, islamisch und abendländisch, für jede Glaubensrichtung das passende.

Dem Papst servierte man Bresaola mit Rucola und Käse, als ersten Gang zwei Kostproben von Ricotta-Spinat-Ravioli und *Fusilli al sugo*, danach Truthahn mit Bohnen und zum Schluss Obstkuchen. Das Essen sollte unprätentiös sein, damit die Speisen den Austausch von Ideen und Visionen zur weiteren Entwicklung des Weltgeschehens nicht beeinträchtigen. Es sollte Raum für die dramatischen und furchtbaren Geschichten der Menschen am Tisch lassen, wie diejenige, die eine aus Aleppo geflüchtete Frau dem Papst anvertraute.

Qual- und leidvolle Erlebnisse vertrauten ihm auch die Flüchtlinge auf der Insel Lampedusa an, die der Papst überraschend auf seiner ersten Auslandsreise am 8. Juli 2013 ansteuerte. Er hatte um ein knappes Programm gebeten, weil er den Alltag der Inselbevölkerung, der von den täglichen Anlandungen neuer Flüchtlinge schon belastet genug war, nicht strapazieren wollte. Doch in nur wenigen Tagen mobilisierten die Menschen alles, um den Papst zu empfangen, einen der wenigen Repräsentanten weltweit, wenn nicht der einzige, der entgegen der herrschenden »Globalisierung der Gleichgültigkeit« die Insel besuchte. Er wollte mit eigenen Augen sehen, wie die Inselbewohner ihre Kräfte bündeln, um Tausende von Verzweifelten aus Afrika unterzubringen. Wieder einmal zeigte sich die freundschaftliche und einigende Erfahrung eines gemeinsamen Mahls.

Der Koch Rosaria di Maggio hatte ein Menü in bester sizilianischer Tradition vorbereitet: Auberginenauflauf arabische Art, Goldmakrelen mit Pistazienkruste und ein Carpaccio vom Schwertfisch. Zutaten vom Land und aus dem Meer, begleitet von zwei DOC-Weinen: einem *Grillo* und einem *Nero d'Avola* aus den Weinbergen der Winzergenossenschaft Cantine Settesoli. Es war kein offizielles Mittagessen, sondern ein

Goldmakrelen in Pistazienkruste mit Auberginenauflauf arabische Art

Zutaten für 4 Personen
1 Knoblauchzehe ▪ Olivenöl ▪ Filets von 4 Makrelen ▪ Salz, Pfeffer ▪ 80 g Pistazien, fein gehackt
2 mittelgroße Auberginen ▪ 12 kleine Seebarben, filetiert ▪ 1 Karotte ▪ 1 Zwiebel ▪ 2 Zucchini
1 kleine Dose Tomaten, passiert ▪ 2 Zweige wilder Fenchel ▪ 1 Zweig Basilikum ▪ 60 g Rosinen
20 g Pinienkerne

Ziehen Sie die Knoblauchzehe ab, entfernen den Keim, drücken sie mit dem Handballen flach und aromatisieren 4 EL Olivenöl damit.

Schneiden Sie die Makrelenfilets in »Stäbchen« und wenden Sie diese im Knoblauchöl. Salzen und pfeffern Sie die Filets und wenden sie dann in den gehackten Pistazien. Geben Sie sie in eine mit Backpapier ausgelegte Form und garen sie 15 Minuten bei 180 °C im Ofen.

Schneiden Sie die Karotte, die Zwiebel und die Zucchini in mundgerechte Würfel. Nun erhitzen Sie in einer Pfanne das übrig gebliebene Knoblauchöl mit der Knoblauchzehe und braten Sie darin die Gemüsewürfel an. Das Gemüse salzen und pfeffern und von der Flamme nehmen, sobald es gar ist.

Für die Törtchen schneiden Sie die Auberginen in 3 Millimeter dicke Scheiben. Nun schichten Sie in einer Kasserolle jeweils eine Auberginenscheibe im Wechsel mit einem Seebarbenfilet auf, dabei salzen Sie jede Schicht und beträufeln sie mit Öl. Bedecken Sie die Kasserolle mit Backpapier und schieben Sie sie für 10 Minuten bei 180 °C in den Ofen.

Inzwischen erhitzen Sie die Tomaten, geben Fenchel- und Basilikumblättchen, die Rosinen, die Pinienkerne sowie etwas Salz hinzu. Köcheln Sie das Ganze etwa 5 Minuten und verteilen Sie die Sauce gleichmäßig auf den Törtchen. Servieren Sie die Makrelen mit dem Gemüse und den Auberginentörtchen.

Piroggen

Zutaten
50 g Steinpilze ▪ 1 große Zwiebel ▪ Olivenöl
200 g Sauerkraut ▪ Pfeffer ▪ Piment
250 g Mehl ▪ 2 Eier

Beginnen Sie bei diesem Rezept mit der Füllung:
Dafür putzen Sie die Pilze sorgfältig und schneiden
sie in Scheiben. Die geschälte Zwiebel schneiden
Sie ebenfalls in Ringe.

Erhitzen Sie nun in einer Pfanne etwas Olivenöl
und braten darin die Zwiebelringe goldgelb an.
Fügen Sie dann das gut abgetropfte Sauerkraut
und die Steinpilze hinzu. Würzen Sie die Mischung
mit Pfeffer und etwas Piment und gießen Sie so
viel Wasser an, dass das Ganze 4 bis 5 Stunden auf
kleiner Flamme köcheln kann.

In der Zwischenzeit häufeln Sie das Mehl auf ein
Backbrett und drücken eine Mulde hinein. In diese
schlagen Sie die Eier, geben etwa 60 ml Wasser zu
und verkneten das Ganze zu einem glatten Teig.
Bedecken Sie den Teig mit einem Küchentuch und
lassen Sie ihn eine halbe Stunde ruhen, bevor Sie
ihn dünn ausrollen.

Stechen Sie Kreise von etwa 10 cm Durchmesser
aus, auf die Sie 1 bis 2 EL der Füllung geben.
Klappen Sie die Teigkreise zusammen und drücken
Sie die Ränder mithilfe einer Gabel fest zusammen:
Es entstehen Halbmonde. Geben Sie die Piroggen
für 2 Minuten in kochendes Salzwasser. Lassen Sie
sie kurz abtropfen und servieren Sie sie mit
geschmorten Zwiebeln.

einfaches Mahl, das im Pfarramt gereicht
wurde. Padre Federico Lombardo enthüllte
später, dass Franziskus »lediglich ein
belegtes Brot« gegessen habe, obwohl die
Menschen von Lampedusa »so viele großartige Speisen bereitet hatten«.

Kein Papst vor ihm hat wie Franziskus
»die Klischees durchbrochen« und »für
Wirbel gesorgt«: Veränderungen anzusto-
ßen, dazu ermunterte er auch die Jugend
von Molise, als er am 5. Juli 2014 in Isernia,
Castelpetroso und Campobasso Station
machte. Hier verweigerte er ebenfalls einen
teuren, offiziellen Empfang, sondern
entschied sich für die frugale, von der
Caritas geführte Mensa »Casa degli Angeli«
in Campobasso. Hier werden täglich Bedürftige verköstigt, Menschen ohne Obdach und
Menschen ohne Familie. Die karge Mensa
wird von Küchenchef Gianfrano Venditti mit
großer Leidenschaft bewirtschaftet: In
wenigen Gängen verdichtete er eine Kochtradition, der man die Antike anschmeckt.
Verantwortlich für das päpstliche Mahl
waren dieselben Köche, die auch sonst
abwechselnd und unentgeltlich in der
Sammelunterkunft Dienst tun. Sie servierten
Nudeln aus feinem Weizengries, *Cavatelli*
genannt, mit Tomatensoße, Fettucine mit
Steinpilzen von den Hügeln des Molise,
Caponata – ein süß-saures Gemüsegericht –,
Huhn mit Kartoffeln und selbst gebackene
Plätzchen. Alles in allem ein Beweis authen-
tischer italienischer Kochtradition, wie sie
auf der ganzen Welt berühmt ist.

Auch auf seinen Dienstreisen ins Ausland
nimmt Franziskus jede Einladung zu einem

landestypischen Essen an, zum Beispiel im Juni 2016 in Armenien. Dort liefen ihm Kinder mit Brot und Salz – Symbolen für leibliche wie geistige Nahrung – entgegen und mit Aprikosen, die für dieses uralte Land, wo angeblich die Arche Noah gestrandet ist, so typisch sind, dass in der Antike ein römischer Soldat sie »armenische Äpfel« taufte.

In Krakau wiederum bekam der Papst ein typisch polnisches Mittagessen: Im Juli 2016 speiste er, eingeladen vom Erzbischof, gemeinsam mit 13 Kindern, Teilnehmern des Weltjugendtags, Fleischsuppe mit Kürbisblüten, Piroggen, Reisfleisch und ein Dessert auf der Basis von Frischkäse. Kein Wein, sondern Wasser und Orangensaft wurde gereicht. Jemand fragte Franziskus nach seiner Meinung über das Menü und erhielt ein Lächeln: Ihm habe alles geschmeckt, denn er »schätze die polnische Küche«. Es hätte gar nicht anders sein können. Die Essen mit Kindern und Jugendlichen gehören nicht nur am Weltjugendtag zum apostolischen Programm, sondern bei jeder päpstlichen Reise. Sie sollen Normalität vermitteln und Vertrauen stiften. Das gemeinsame Essen wird so zum Symbol von Einigkeit und Mitmenschlichkeit. Es ermöglicht den Austausch zwischen Kulturen und Generationen und erlaubt es dem Papst, sich auf die Erwartungen und Hoffnungen der Jungen einzustellen, sei es mit oder ohne Selfies. Der Heilige Vater liebt es, Kindern Gehör zu schenken, ihnen in die Augen zu sehen und all seine Lebenserfahrung in seine Antworten zu legen. Die Meinung der

Die Tafel wird zum Symbol für Eintracht und brüderliche Geselligkeit

Kinder aus Krakau? »Er war sehr froh und sehr offen mit uns allen. Seine jeweils ganz konkreten und tiefschürfenden Antworten haben uns beeindruckt.«

Auch das Treffen mit den jugendlichen Teilnehmern des sechsten Weltjugendtags in Südkorea im August 2014 vollzog sich rund um einen gedeckten Tisch: Der Papst wollte sich in die sozialen und religiösen Probleme eines geteilten Landes einfühlen. Zum Mittagessen in Daejeon waren Jugendliche aus Kambodscha, China und Korea geladen. Auf dem großen Tisch standen Salate, Gemüse, Melone mit Schinken, wenige Gerichte, doch schwirrten die Gespräche über den Tisch, begleitet von Tränen der Bewegung, aber auch viel freudigem Lächeln.

Dasselbe festliche Klima war auch im Juli 2013 auf dem Weltjugendtag in Rio de Janeiro spürbar. Von den verschiedenen Appellen des Papstes wurde folgender millionenfach getwittert: Der Glaube sei kein Smoothie. »Bitte zerkleinert nicht den Glauben an Jesus Christus. Man kann Orangen, Äpfeln und Bananen in den Mixer werfen, aber bitte lasst den Glauben als Ganzes. Man muss ihn nicht mischen.«

Das Mittagessen wurde im Palast des Erzbischofs organisiert, dauerte länger als

In der Broad Street Ministry in Philadelphia, USA, werden täglich Tausende von Mahlzeiten ausgegeben – kostenlos. Hier wurde auch der Papst auf seiner ersten USA-Reise im September 2015 verköstigt.

eineinhalb Stunden, und wie immer waren die teilnehmenden Jugendlichen per Los ausgewählt worden. Jeweils zwei von ihnen repräsentierten einen Kontinent und zwei die gastgebende Nation Brasilien. Die Speisenfolge war international, um alle Geschmäcker berücksichtigen zu können: Maracuja-Mousse, gemischter Salat, Pilz-risotto, Schnitzel in Wein, Hühnchen. Es fehlte auch nicht an Sahnetorte, Eis und dem besten *Café brasileiro*. »Als mich die Einla-dung erreichte«, so Philip Thomson aus Neuseeland, »fehlte nicht viel und ich wäre in Ohnmacht gefallen«. Es war ein wirklich spezielles Ereignis. »Er hat sich nach unserem Leben und unseren Erlebnissen erkundigt und uns sämtliche Fragen beant-wortet. Einige von uns haben geweint vor Rührung.«

Geopolitisch gesehen hat Franziskus auf seinen Auslandsreisen eher südliche Gefilde gewählt, die heißen Zonen des Planeten, die – historisch gesehen – auch die meisten Krisen und Kriege zu bewältigen haben. Sein Schwerpunkt lag dabei auf den Ländern in Fernost und Lateinamerika. Umfassend und vielschichtig wäre die Liste der nationaltypi-schen Menüs, die ihm dabei angeboten wurden.

Auf seiner Reise durch die Philippinen im Januar 2015 zeigte er sich erfreut über *Malunggay* – eine schmackhafte Suppe aus den Blättern des Meerrettich- oder Behen-baums bzw. Behennussbaums – und lobte *Insanal*, ein mariniertes und im Ofen gebratenes Huhn, das mit verschiedenen Soja- und Essigsaucen gereicht wird.

Halva

Zutaten
160 g Zucker ▪ 2 TL Zitronensaft ▪ etwas zerstoßener Kardamom ▪ 200 g Tahini (Sesampaste) ▪ gehackte Pistazien nach Belieben

Erwärmen Sie in einem Topf den Zucker in 60 ml Wasser. Geben Sie Zitronensaft und Kardamom hinzu.

Kochen Sie den Sirup unter stetigem Rühren auf. Lassen Sie ihn nun leise köcheln, bis er dickflüssig geworden ist. Nehmen Sie ihn dann vom Herd und rühren Sie die Tahini, eine Paste aus gemahlenen Sesamkörnern, hinein. Mischen Sie das Ganze gut durch, bis Sie eine homogene Masse erhalten.

Fügen Sie nun – nach Gusto – gehackte Pistazien hinzu und füllen Sie das Mus in eine Backform. Drücken Sie es fest an und lassen Sie es im Kühlschrank 1–2 Tage fest werden.

Servieren Sie die Halva in Scheiben geschnitten und mit gehackten Pistazien bestreut.

> »Er ist ein Mensch, der alles isst,
> solange es möglichst einfach
> zubereitet ist.«

Lidia Bastianich, Köchin

Auf seinem Blitzbesuch auf der griechischen Insel Lesbos am 16. April 2016 aß der Papst in einem der Container des *Moria Refugee Camp* gemeinsam mit Flüchtlingen einen Pilzrisotto, Oliven und Halva, eine Süßwarenspezialität aus Zentralasien.

In Baku, Aserbeidschan, im Herbst 2016 servierten ihm die Salesianer mit Pasta und Braten samt Gemüsebeilage ein typisch italienisches Menü. Im Januar 2015 in Sri Lanka nahm er sich gerne von den eher scharfen Gerichten und hielt sich auch bei den verschiedenen Reisgerichten nicht zurück. Reis wird als heilig betrachtet und ist auf den Tischen im ehemaligen Ceylon allgegenwärtig. Reis, den der Heilige Vater sehr schätzt, war auch die Grundlage für ein Gericht, das ihm in San Cristóbal, einer Stadt im zentralen Hochland von Chiapas, dem südlichsten Bundesstaat Mexikos, im

Februar 2016 serviert wurde. Er aß zusammen mit Vertretern der verschiedenen Ethnien der Stadt beim Erzbischof Arizmendi Esquivel. Die Schwester des Erzbischofs, Maria del Soccorso, stellte das Menü aus den bevorzugten Gerichten Bergolios zusammen: Reis mit Mais und Erbsen, im Ofen gebackenes Hühnchen mit Pilzen, Mais-Tortillas mit Gemüse, Früchte und Süßigkeiten der Region zum Dessert. Es gab weder Tequila noch Wein, sondern nur Wasser und hinterher exzellenten Kaffee. Es war in seiner Einfachheit ein heiteres Mahl rund um einen großen, mit Papiertüchern eingedeckten Tisch. Für seine Reise nach Yucatán hatte Franziskus um »Schwein mit Bohnen« gebeten. Tatsächlich traf er an einem Montag auf der mexikanischen Halbinsel ein und am ersten Tag der Woche isst man dort traditionellerweise genau das. Bergoglio hatte sich beim mexikanischen Kurienerzbischof Jorge Carlos Patrón Wong erkundigt. Vermutlich wegen seiner denkbar einfachen Zubereitung trägt das Gericht auch den Spitznamen »träges Schmorfleisch«. Gewöhnlich ist es das erste Gericht, das eine frisch verheiratete Frau ihrem Gatten in den Flitterwochen anbietet. »Leichte und einfache Kost« erbat sich der Vatikan auch von der Köchin Lidia Bastianich, die sich um die Beköstigung von Papst Franziskus während seines Aufenthalts in New York, im September 2015, kümmern sollte. Sie hatte schon 2008, als Papst Benedikt XVI. den Big Apple besuchte, in der Apostolischen Nuntiatur, der diplomatischen Vertretung des Heiligen Stuhls bei den Vereinten Nationen, gekocht. Zuerst hatte sie geplant, argentinische Beefsteaks zuzubereiten, doch die Tatsache, dass der Papst an einem Freitag in New York eintreffen würde, einem Fastentag also, ließ die Entscheidung auf Fisch, frische Pasta und Reis fallen. »Er bevorzugt den Reis pur mit etwas Olivenöl und geriebenem Grana Padano«, so die bekannte Köchin aus dem Friaul. Für den weiteren Aufenthalt des Papstes in N. Y. bereitete sie u. a. »etwas Kalb, gegrillten Thunfisch mit gedämpftem Gemüse und einen im Ofen gebackenen Streifenbarsch« zu.

Auf den Tisch kamen auch kaltgepresstes Olivenöl, italienische Käse und Wein vom Gut der Familie Bastianich in Cividale del Friuli bei Udine. Zum Dessert: Apfelkuchen, »den der Papst nicht ganz gegessen hat«, so die Köchin, die warme Erinnerungen an dieses Treffen hat: »Er ist ein Mensch, der alles isst, solange es möglichst einfach zubereitet ist.« Dabei ist der Papst äußerst firm in der Herkunft einzelner Gerichte. Den

Beweis lieferte sein aufsehenerregender Dialog mit Melania Trump am 24. Mai 2017. Die offizielle Audienz war gerade beendet und Bergoglio wandte sich zum Small Talk an die First Lady der USA: »Geben Sie ihm Potica (gesprochen ›Putizza‹) zu essen?«, lautete sein scherzhafter Hinweis auf die massige Figur des amerikanischen Präsidenten. Zwar übersetzte der Dolmetscher die Frage falsch mit »Pizza«, was kurzfristig zu Verwirrungen führte, doch Melania, gebürtig in Novo mesto, Slowenien, hatte richtig verstanden. Mit einem Schlag stand das kalorienreiche, an der oberen Adria beheimatete Gebäck im Scheinwerferlicht. Man wusste, dass Trump und Bergoglio sowohl in sozialen Fragen als auch in ihrer Vision für die Welt unterschiedlicher nicht sein könnten, aber wusste man auch, dass der Papst sich in slowenischer Küche auskennt? Der Triester Priester Don Ettore Malnatti weiß, dass Bergoglio in Buenos Aires Bekannte aus Julisch-Venetien, bis 1918 österreichisches Küstenland, hatte. Ihnen verdankt er seine Kenntnis dieses dalmatinischen Gebäcks. Der Effekt des kurzen Dialogs jedenfalls war so gewaltig, dass nun die slowenischen Bauernverbände in Brüssel die europäische Anerkennung der Potica fordern, um die traditionelle Rezeptur zu schützen. Denn wie alle Gerichte, die viele Generationen hungriger Mäuler gespeist haben, hat auch dieses mit Nüssen, Estragon und »Skuta« – einem Frischkäse – angereicherte »Brot« jede Menge Varianten. Die Macht des Pontifex macht's möglich!

Potica

Zutaten für 1 Kuchen
500 ml Milch ▪ 380 g Zucker ▪ 20 g Hefe
100 g Butter ▪ Salz ▪ 700 g Mehl ▪ 1 Ei und
2 Eigelb ▪ 30 ml Sahne ▪ 500 g Haselnüsse,
gerieben ▪ 1 Vanilleschote

Für den Vorteig rühren Sie 3 EL lauwarme Milch mit 1 EL Zucker und der zerbröselten Hefe in einer kleinen Schüssel an. Lassen Sie diesen Vorteig zugedeckt an einem warmen Ort aufgehen.

In eine weitere Schüssel geben Sie die restliche Milch, die Butter, 2–3 EL Zucker und 1 TL Salz. Verrühren Sie das Ganze kräftig mit einem Kochlöffel, fügen Sie das Mehl, den Vorteig sowie 2 Eigelb hinzu. Rühren Sie die Masse mindestens 15 Minuten lang, bis an der Oberfläche kleine Bläschen sichtbar werden. Bestreuen Sie die Masse mit Mehl, bedecken Sie sie mit einem Geschirrtuch und lassen Sie sie wiederum gehen.

Für die Nussfüllung vermischen Sie die erwärmte Sahne mit den geriebenen Haselnüssen. Kochen Sie den Zucker mit 125 ml Wasser und dem Mark der Vanilleschote in einem Topf, bis die Mischung eindickt. Nehmen Sie den Topf vom Herd und rühren Sie die Nuss-Sahne-Masse ein.

Bestreuen Sie ein Backbrett mit Mehl und rollen Sie den Teig fingerdick zu einem Rechteck aus. Sobald die Füllung abgekühlt ist, streichen Sie sie gleichmäßig auf das Teigrechteck, rollen dieses auf und legen die Teigrolle in eine ausreichend große, gebutterte Kuchenform (eckig oder rund). Lassen Sie den Teig darin ein letztes Mal aufgehen. Dann bestreichen Sie ihn mit dem verschlagenen Ei und backen ihn etwa 1 Stunde bei 190 °C.

10.

Das Leben »besteht aus Begegnungen« auch und vor allem beim Essen

Eine Miene wie in Essig eingelegte Peperoni«, sprich sauertöpfische, trübselige Gesichter. Die nicht geteilte Freude macht »saure Mienen«, so wie der nicht geteilte, zu lange aufbewahrte Wein zu saurem Essig fermentiert. Bei der Frühmesse am 10. Mai 2013 in der Casa Santa Marta nutzte Papst Franziskus diese Analogie. Er legte ausgehend von Lukas (24, 50–53) den Begriff der »Freude« aus: »Als er sie segnete, schied er von ihnen und fuhr auf gen Himmel. Sie aber beteten ihn an und kehrten zurück nach Jerusalem mit großer Freude.«

Eine Freude sei das gewesen, so Franziskus, die nicht nur einen Augenblick währt: Sie sei eine Gabe des Herrn, die das Innere des Menschen erfüllt. Doch »wenn wir diese Freude für uns alleine haben wollen«, fuhr Bergoglio fort, »verkümmert sie, unser Herz zieht sich zusammen und unser Gesicht strahlt nicht mehr diese große Freude aus, sondern eine Nostalgie, eine Melancholie, die ungesund ist.« Manchmal haben Christen diese melancholischen Gesichter, die an »in Essig eingelegten Peperoni« erinnern. Mit diesem Vergleich zum Wein, der sauer wird, kam der Lebensmittelchemiker in Bergoglio wieder mal zum Vorschein. Er habe sich dann gefragt, ob es möglich sei, ein wenig von dieser Freude »auf Flaschen zu ziehen, um sie immer bei uns zu haben«. Auch hier lag der Gedanke an das Labor in Buenos Aires mit seinen Reagenzgläsern und Destillierkolben wieder nahe. Vielleicht nicht sehr tröstlich für alle Liebhaber von süßsauer eingelegtem Gemüse, aber ein Symbol für die natürliche Veränderung der Elemente und die grundlegenden Wesenszüge eines Menschen. Dieses Bild mit den in »Essig eingelegten Peperoni« sorgte für

Aufmerksamkeit, insbesondere im Herkunftsland des Papstes. Wie immer, wenn man übers Kochen spricht, war die Debatte weitschweifig, kontrovers und manchmal auch sinnentstellend, denn in der spanischen Übersetzung sprach man plötzlich von »sauren Gurken«. Schließlich schrieb der Autor und Journalist Jorge Milia, ein ehemaliger Student Bergolios, einen sympathischen Artikel zur Ehrenrettung von Gürkchen und eingelegtem Gemüse, in dem er die kommunikativen Fähigkeiten seines ehemaligen Professors für Literatur und Philosophie lobte.

Im Mai 2017 sprach Franziskus auf dem Petersplatz erneut über Essig und Öl: Bezug nehmend auf die Tatsache, dass man mit Öl salbte, also heiligte, seien Christen dazu aufgefordert, das Öl der Hoffnung und nicht den Essig der Bitterkeit und Hoffnungslosigkeit zu verteilen. Als würde er sich an jeden einzelnen anwesenden Gläubigen richten, forderte er: »Seid Hoffnung. Verbreitet das Öl der Hoffnung, den Duft der Hoffnung und nicht den Essig der Bitterkeit und Hoffnungslosigkeit.« Ein »geschmackvolles« Wortspiel, das natürlich nur einem Papst gelingen kann, der auch ein ausgewiesener Koch ist.

Bergoglio bedient sich in seinen Predigten häufig kulinarischer Ausdrücke und Wendungen aus den Themenfeldern Nahrung und Ernährung, um Parabeln und Metaphern aus dem Alltagserleben seiner Zuhörer zu formulieren, einem Alltag zwischen Sorge und Beunruhigung, zwischen Zeichen von Hoffnung und Träumen vom Glück. Öl und Essig eben. Bergoglio eignet die Fähigkeit, auf dem Altar seiner

Peperoncini all'aceto

Diese eingelegten Peperoni gelingen wie jegliches Einmachgut nur, wenn man die Gläser sterilisiert. Eine gute Methode ist es, sie auszukochen. Spülen Sie Gläser und Deckel, geben Sie sie dann in einen Topf und füllen soviel Wasser ein, dass alles vollständig bedeckt ist. Bringen Sie das Wasser zum Kochen und lassen Sie es 20 Minuten lang sprudelnd kochen. Gläser und Deckel müssen dabei stets mit Wasser bedeckt bleiben. Heben Sie sie aus dem Wasser und lassen Sie sie die Gläser kopfüber auf einem sauberen Geschirrtuch abtropfen. Nach fünf Minuten drehen Sie sie um, damit sie auch von innen trocknen können.

Zutaten
1 kg Peperoni ▪ Salz ▪ 6 Knoblauchzehen
1 EL Pfefferkörner ▪ 1 l Weißweinessig
3–4 Blatt Pfefferminze ▪ 3 Lorbeerblätter
100 g Zucker

Während die Gläser trocknen waschen und putzen Sie die Peperoni. Schneiden Sie die Schoten der Länge nach auf, entfernen Sie die Scheidewände und die Kerne. Salzen Sie die Peperoni rundum und lassen Sie sie 2 Stunden ziehen. Danach waschen Sie das Salz unter kaltem Wasser ab und lassen die Peperoni gut abtropfen. Verteilen Sie die Gemüsestücke, die paar Knoblauchzehen und die Pfefferkörner gleichmäßig auf die sterilisierten Gläser.

Gießen Sie 1 l Weißweinessig in einen Kochtopf, geben Sie Pfefferminze, Lorbeerblätter, Zucker und 2 TL Salz hinzu. Bringen Sie den Essig zum Kochen und lassen Sie ihn fünf Minuten lang sprudelnd kochen. Dann gießen Sie ihn heiß in die Gläser, die Sie sofort gut verschließen und kopfüber abkühlen lassen. Lassen Sie die Peperoni mindestens eine Woche lang ziehen, bevor Sie sie servieren.

Predigten eine ganze Reihe imaginärer Speisen auszubreiten und dabei eine Art »Phänomenologie der Geselligkeit« zu entwickeln. Er »vermengt« Gerichte, Nahrungsmittel und Zutaten quasi zu einer Botschaft, die eine spirituelle Reise beschreibt und die Menschen direkt ins Herz trifft. Dabei zeigt er sowohl eine ausgewiesene Kenntnis der »Materie« als auch eine entwaffnende Offenheit, mit der er über Brot, Mehl, Hefe, Salz, Milch, Wein, Früchte, Honig und eben auch Essig spricht.

Letzteren griff er auch am 26. Juli 2014 auf, als er vor dem barocken Palast von Caserta zu den Priestern der Diözesen Kampaniens sprach. In einem Frage-und-Antwort-Spiel redete er mit ihnen über die Freuden und Mühen des Priesterdaseins, über Pflichten und vermeidbare Fehler. Ein Priester »in Rom« habe ihn ganz »bitter« gemacht mit seiner Feststellung: »Ich sehe so häufig eine uneinige Kirche, wo einer sich über den anderen aufregt; ständig ärgern wir uns übereinander.« Er erwiderte: »Genau das bringt Traurigkeit und Bitterkeit: Die Freude fehlt. Wenn wir in einer Diözese einen Priester sehen, der verärgert ist und angespannt, denken wir uns: ›Dieser Mann trinkt wohl Essig zum Frühstück, isst sauer eingelegtes Gemüse zu Mittag und gönnt sich abends vermutlich eine prickelnde Zitronenlimonade.‹ So kann er nicht leben und arbeiten, weil er das Bild einer säuerlichen, statt einer freudvollen Kirche bietet. Freude ist ein Zeichen, dass es uns gut geht.« Der Wein, den so ein Priester zum Abendmahl reiche, wird Essig.

Im Camp von Moria in Mitilene auf der griechischen Insel Lesbos segnete der Papst Franziskus am 16. April 2016 Flüchtlinge.

Der stechende Geruch von zu Essig gewordenem Wein – die Wurzel des lateinischen *acetum* ist *ac*, dieselbe Wurzel hat auch *acer*, scharf, schneidend, stechend, beißend, scharfe Kritik z. B. – man sieht, Bergoglio betreibt kein müßiges Spiel mit seinen Worten, im Gegenteil, er sucht nach einem tieferen Sinn. Damit seine Homilien ankommen, sagt er, müssten sie drei Elemente transportieren: Ein Bild, eine Idee und ein Gefühl. So wie am 11. Mai 2014, als er nach dem *Regina Coeli* allen auf dem Petersplatz einen schönen Sonntag und »gesegnete Mahlzeit« wünschte. Er sprach auch hier von den Aufgaben der Priester, die »gute Hirten« sein müssten, und bezog sich auf einen Text des heiligen Caesarius von Arles (um 470-542), einer der bedeutendsten Kirchen-

»Der Tastsinn vermittelt die meiste Spiritualität. Für Franziskus ist die Berührung die Quelle für das Wort.«

Antonio Spadaro, Jesuit, Chef der *Civiltà Cattolica*

männer im Gallien seiner Zeit, »der erklärte, wie das Volk Gottes dem Hirten helfen muss: Wenn das Kalb Hunger hat, geht es zur Kuh, zur Mutter, um Milch zu trinken. Die Kuh aber gibt sie nicht sofort: Es scheint, als halte sie die Milch für sich zurück. Und was tut das Kälbchen? Es stößt mit seiner Nase gegen das Euter der Kuh, damit die Milch kommt. ›So müsst ihr mit den Hirten sein‹, sagt der Heilige, ›immer an ihre Tür klopfen, an ihr Herz, damit sie euch die Milch der Lehre, die Milch der Gnade und die Milch der Führung geben‹.« Franzikus bat die applaudierende Menge, »die Hirten zu belästigen, die Hirten zu stören, uns alle, die wir Hirten sind«. Stören, belästigen, das sind konkrete, ja drastische Ansagen. »Taktile« Gleichnisse, wie der Jesuit Padre Antonio Spadaro, Leiter der Zeitung *Civiltà Cattolica* sagen würde. Denn – so erklärt der Papst – »der spirituellste Sinn ist der Tastsinn. Die Geste ist die Quelle, aus der die Worte fließen.« Er vermittelt seine Botschaft über den Körper, über die Berührung. Sehr »handlich« in diesem Sinne war auch die Überlegung, die der Papst am 16. November 2014 den jungen Teilnehmern des Internationalen Symposions gegen Prostitution und Menschenhandel mitgab. Er drückte seine Dankbarkeit für ihre Anwesenheit aus und betonte: »Sich einbringen, für etwas eintreten, bedeutet, sein Leben zu geben«. Um den Unterschied zwischen »mitarbeiten« und »sein Leben einsetzen« zu erläutern, zitierte er den argentinischen Humoristen Landrecina, der über das Verhältnis von Kühen und Schweinen zu belegten Brötchen mit Käse und Schinken nachgedacht hatte. Aus dem Stegreif erklärte er den Jugendlichen: »Wenn eine Kuh Milch gibt, arbeitet sie für unsere Ernährung. Aus der Milch macht man Käse und damit belegen wir uns ein Brot. Aber das Brot schmeckt etwas langweilig, wir müssen Schinken darauflegen. Also gehen wir zum Schwein, doch das Schwein will beim Thema Schinken nicht mitarbeiten ...« Seine Schlussfolgerung? Wenn das Schwein sich für den Schinken einbringt, dann gibt es dafür sein Leben. Einer Sache sein Leben geben, bedeutet, sie mit Freude zu tun. Das Leben hat nur Sinn, wenn jemand es mit Freuden lebt, es einsetzt dafür, das es anderen gut geht.«

Natürlich tauchen bei solchen Sätzen sofort die Bilder vom Schweinepferch im Colegio Máximo auf, wo Bergoglio mit seinen Studenten Ferkel aufzog. Gleichzeitig erwachsen auf einfachste Weise Bilder von der »Nahrungskette«, vom Kreislauf des Lebens und das Wissen darum, dass alles einen Sinn hat, auch das Ferkelchen, das sich dafür »einsetzt«, munter und gesund heranzuwachsen, denn am Ende wird es sein »Leben lassen, um anderen Gutes zu tun«.

Der Planet, so der Heilige Vater im Mai 2015, nach der Eröffnung der Mailänder Expo zum Thema »Ernährung weltweit« hat »genug zu essen für alle, aber es scheint am Willen zu fehlen, es mit allen zu teilen und alle an den Tisch zu bitten.«

Gleichnisse zum Thema »Essen« gibt es jede Menge in den Evangelien, beispielsweise jenes, das von der Hefe beziehungsweise

Panini al formaggio e al prosciutto

Mit Käse und Schinken belegte Brötchen – und einem besonderen Pfiff: Sie werden mit Sauce Béarnaise bestrichen.

Zutaten
2 Zweige Estragon ▪ 1 Schalotte
10 ml Weißweinessig ▪ 50 ml Weißwein ▪ Salz
weißer Pfeffer ▪ 4 Eigelb ▪ 300 g Butter
1 TL Zitronensaft nach Belieben ▪ Weißbrot,
Baguette oder Brötchen ▪ gekochter Schinken
Emmentaler oder Fontina in Scheiben

Waschen, trocknen und hacken Sie den Estragon. Schneiden Sie eine Schalotte in winzige Würfel. Geben Sie 70 ml Wasser, den Weißweinessig und den Weißwein in einen Topf, würzen Sie mit Salz und weißem Pfeffer. Fügen Sie die Schalotte und die Hälfte des Estragons zu und bringen Sie das Ganze zum Kochen. Kochen Sie den Sud auf ein Drittel ein, bevor Sie ihn abkühlen lassen.

Geben Sie 4 Eidotter in eine hitzebeständige Schüssel und schlagen Sie sie mit einem Handrührgerät auf. Lassen Sie dann den abgekühlten Sud in feinem Strahl einlaufen. Ist die Mischung schaumig, stellen Sie sie ins Wasserbad. Schlagen Sie sie dort weiter, bis sie eine senfartige Konsistenz angenommen hat, und geben Sie löffelweise die flüssige, aber nicht zu warme Butter hinzu. Dann würzen Sie die Sauce mit dem restlichen Estragon, Salz, Pfeffer und ein paar Tropfen Zitronensaft.

Die halbierten Brotstücke oder Brötchen bestreichen Sie mit der Sauce Béarnaise und belegen sie mit drei Scheiben gekochten Schinken und zwei Scheiben Emmentaler oder Fontina-Käse. Weitere köstliche Varianten sind: geräucherter Schinken, eingelegte Artischockenherzen, Frischkäse (Robiola) oder Scamorza.

vom Sauerteig spricht. In der Morgenmesse in der Casa Santa Marta am 14. Oktober 2014 erinnerte Franziskus an eine Warnung von Jesus Christus: »Gebt Acht, hütet euch vor dem Sauerteig der Pharisäer und Sadduzäer!« (Matthäus 16, 6). Er erklärte, der Herr »sprach auch bei anderen Gelegenheiten vom Sauerteig und verglich ihn mit dem Reich Gottes. Es sei wie ein Sauerteig, den die Frau mit Mehl vermischt und dann aufgehen lässt: Die Masse wird stetig größer, wie das Reich Gottes.«

Er zog auch die Sätze des Apostels Paulus heran, als er den Christen in Korinth gebot, einen schlecht handelnden Mann auszuschließen: »Wisst ihr nicht, dass ein wenig Sauerteig den ganzen Teig durchsäuert? Schafft den alten Sauerteig weg, damit ihr neuer Teig seid.« (1 Korinther 5, 6–7). Und er unterschied dabei zwei Sorten von Teig: »Den Sauerteig, der das Reich Gottes wachsen lässt, und den Sauerteig, der nur vorgibt, am himmlischen Königreich teilzuhaben.« Gute Hefe »lässt den Teig aufgehen, immer, er hält sich, hat Bestand, es wird ein gutes Brot daraus oder gute Pasta. Schlechte Hefe lässt den Teig nicht aufgehen.« Vor den Delegierten der FAFCE, der Föderation katholischer Familienverbände in Europa, bemühte der Papst am 1. Juni 2017 dasselbe Bild. Er sagte, dass Familien wie ein Sauerteig seien, »der eine menschlichere, brüderlichere Welt wachsen lässt, in der sich niemand zurückgewiesen oder verlassen fühlt«. Eine weitere, in der Küche unumgängliche Zutat, das Salz, bedachte er in der Morgenmesse am 23. Mai 2013 in der

Franziskus erklärte, dass Salz nur einen Sinn ergibt, wenn man es zum Würzen einsetzt, aber seine Kraft und seinen Nutzen verliert, wenn man es im Salzfässchen feucht werden lässt.

Casa Santa Marta, und zwar in einer »Lektion« über Natriumchlorid – Kochsalz, mit dem er sich als Lebensmittelchemiker viel beschäftigt hat. Er sprach vom »Salz des Glaubens, dem Salz der Hoffnung und dem Salz der Nächstenliebe« und empfahl, die naturgegebenen Eigenschaften dieses Salzes zu erhalten: »Damit es seine Kraft und seine Würze nicht verliert.« Dieses Salz dürfe »man nicht aufbewahren, denn sonst bewirkt es nichts.« Es hat nur Sinn, »wenn man das Leben damit würze«.

»Stellt euch vor, ihr beendet ein Fest
mit Tee! Nein, das geht nicht! Kein
Fest ohne Wein!«

Man muss also das Salz des Glaubens
freigiebig einsetzen. Am Ende der Messe
fügte er überraschenderweise hinzu, dass
das Salz noch weitere Besonderheiten habe:
»Wenn man Salz richtig benutzt, schmeckt
man es nicht.« Aber, in der richtigen Dosis
angewendet, verbessert es die Speise
entscheidend. »Man schmeckt nur die
Speise: Das Salz sorgt dafür, dass sie besser
ist, würziger. Das ist seine Besonderheit!«

Hier spürt man seine Leidenschaft fürs
Kochen und sein Wissen um das Funktionie-
ren der Geschmacksnerven. Auch Paaren
und Eheleuten begegnet er mit dieser
Leidenschaft. Am 14. Februar 2014 trifft er
sich zum »direkten Dialog« mit etwa 30 000
Verlobten, die zum Sankt Valentinstag nach
Rom auf den Petersplatz geströmt sind.
Franziskus diskutiert mit ihnen über
emotionale Bindungen und über die Ehe. Er

berichtet über die Hochzeit zu Kana. In
dieser Wundererzählung aus der Bibel
verwandelt Jesus bei einer Hochzeitsfeier
Wasser in Wein, weil den Brautleuten der
Wein ausgegangen ist (Johannes 2, 1–12). Der
Wein symbolisiert in der Bibel das Fest und
die Lebensfreude. Er lässt die Menschen die
Herrlichkeit der Schöpfung spüren. »Stellt
euch vor, ihr beendet ein Fest mit Tee. Nein,
das geht nicht. Kein Fest ohne Wein.«

Über den Wein sprach der Papst auch am
6. September 2013 in der Morgenmesse. Er
schlug den Bogen zum Feiern und zur
Freude und forderte seine Zuhörer auf, »das
Neue im Evangelium anzunehmen«, sich in
Geist und Herz zu wandeln, denn » die alten
Schläuche tragen keinen neuen Wein«. Auch
seine Worte in Guayaquil, Ecuador, am 6. Juli
2015 vor einer Million Zuhörer im *Parco del
Ussamanes* bezogen sich auf die Hochzeit zu

Wir sollten bewusst und verantwortungs-voll mit Alkohol umgehen. Und weniger labern, bitte, denn »was für ein ewiges Herumgerede unter uns Christen«.

Kana: Er verherrlichte die Rolle von Maria, der Mutter Jesu, » die sich gewahr wird, dass der Wein zu Ende gegangen ist«, eben weil »der Wein das Zeichen für Freude, für Liebe, für Überfluss ist«.

Dieses Bild vom »mangelnden Wein« übertrug er auf die heutige Gesellschaft, die vor lauter Mangel an Freude ausgelaugt ist. Er berichtete von Menschen, die » plötzlich merken, dass in ihrem Haus seit langer Zeit dieser Wein fehlt«, von Menschen, die sich fragen, »wann die Liebe sich aus ihrem Leben verabschiedet hat«. Er verwies auf die alten Menschen, »die nicht mehr an den Festen ihrer Familie teilnehmen dürfen, verlassen in einem Heim sitzen und ohne die Nahrung täglicher Liebe dahinvegetieren«. Denn unserer schnelllebigen, geldbezogenen Gesellschaft, die vergesslich und häufig komplett seelenlos ist, merkt man immer öfter diesen »Mangel an Wein« an – sei es, weil man ohne Arbeit ist, sei es, weil man krank ist, sei es, weil man familiäre Proble-me hat.

Berührend waren Franziskus' Worte über das Ende der Hochzeit zu Kana, als die Gäste nach dem Wunder Jesu »einen besseren Wein vorfinden« als zuvor. Ein heiteres Ende für die Eheleute aus Galiläa. Und nicht nur für die, sagte Franziskus. Es tut not, zu hoffen, dann kommt die Zeit, in der wir die tägliche Liebe finden, der Moment, wo unsere Kinder ihren großen Raum in unserer Familie entdecken und ihn mit uns teilen, wo die Alten in der Seligkeit eines jeden Tages anwesend sind. »Diesen besseren

Wein«, so schloss er »wird jeder trinken, der den Mut hat zu lieben«.

Erinnernswert sind auch einige Passagen seines Interviews mit *Scarp de' tenis* vor seinem Besuch in Mailand, im März 2017. Er sprach über Obdachlose, Bettler und »die Gabe von Almosen«. Viele Menschen würden Almosen verweigern, da sich die Bettler von dem Geld »eine Flasche Wein kaufen könnten, um sich zu betrinken«, so Franziskus. Diese Leute müssten sich fragen, ob sie die »Richter dieses Armen sind, der eine Münze für ein Glas Wein fordert«.

Vom Wein ging es zu den harten Alkoholika. Der Papst zog sie auf seiner Videonachricht am 26. April 2017 in Vancouver, Kanada, im Rahmen der TED, einer Serie von weltweiten Konferenzen, als Vergleich heran. Auf dem Video wandte er sich an die politischen Verantwortlichen der Welt: »In Argentinien sagt man, die Macht sei wie Gin auf leeren Magen: Sie macht schwindlig, sie macht besoffen, sie sorgt dafür, dass man die Balance verliert, sich selbst und anderen schadet – setzt man sie nicht mit Demut und Zärtlichkeit ein. Mit Demut und Liebe gebraucht, dient auch die größte und stärkste Macht nur zur Verbreitung des Guten.«

Wir sollten also verantwortungsvoll und sehr bewusst trinken und weniger labern, denn »wie viel unnützes Gerede gibt es unter uns Christen!« Wir reden uns wund und »dann verletzen wir einander«, so seine Worte am 18. Mai 2013 während der Messe. Um die Gefährlichkeit ewigen Herumredens zu verdeutlichen, zog er einen »süßen«

Vergleich heran: »Herumschwätzen ist schön, ich weiß nicht warum, aber es scheint schmackhaft zu sein, wie Honigbonbons. Man lutscht eines, lecker! Dann noch eines, immer noch eines und am Ende bekommt man Bauchschmerzen. Geschwafel ist anfänglich süß, aber dann ruiniert es die Seele. Es ist destruktiv!«

Eine ähnliche Argumentation verfolgte Papst Franziskus bei seinem Gespräch mit Gläubigen in Kenia am 27. November 2015 im Stadion Kaserani in Nairobi. Freimütig, hart und resolut stellte er die Korruption an den Pranger. Er sagte: »Nicht nur in der Politik, sondern in allen Institutionen, den Vatikan inbegriffen, gibt es Fälle von Korruption. Die Korruption ist etwas, in das man hineinschlittert. Sie ist wie Zucker, sie ist süß, sie schmeckt, sie ist einfach ... Und dann? Nimmt es ein schlechtes Ende! Dann nehmen wir alle ein schlechtes Ende! Voll mit diesem einfachem Zucker, werden wir zu Diabetikern, und auch unser Land wird zuckerkrank!«

Diese Sätze zierten die Headlines von Zeitungen und Nachrichtensendungen, ebenso die vom 8. November 2013, als der Papst wieder einmal vor dem Geschwür der Korruption warnte. Er bediente sich dabei der Figur des »ungetreuen Verwalters« aus dem Lukas-Evangelium (Lukas 16, 1–9) und prangerte sein Verhalten an: »Gott will, dass wir unser Brot mit ehrlicher Arbeit verdienen.« Dieser korrupte Verwalter gibt seinen Kindern verdorbenes Brot. Und seine heutigen Kinder, die vielleicht auf teure Colleges gehen, womöglich in einem

Pane ai cereali

Zutaten für 3 Laibe
60 g Weizenmehl ▪ 1 Päckchen Trockenhefe
oder 1 Würfel frische Hefe ▪ je 50 g Roggen-
mehl, Weizenvollkornmehl Type 1050,
Weizenvollkornmehl Type 1600, Gerstenmehl,
Dinkelmehl, Buchweizenmehl ▪ 150 g Mehl
Type 550 ▪ 20 g Sesamsamen ▪ 90 g Leinsamen
und Leinsamen zum Bestreuen ▪ 250 ml Milch
10 g Zucker ▪ 12 g Salz

Zuerst bereiten Sie den Vorteig: Geben Sie das
Weizenmehl, 40 ml Wasser und ⅓ der Hefe in eine
Schüssel und verrühren Sie das Ganze zu einem
Vorteig, den Sie 12 Stunden lang mit einem
feuchten Tuch bedeckt bei Zimmertemperatur
gehen lassen.

Geben Sie nun die oben aufgeführten Mehlsorten
in eine Schüssel. Fügen Sie die Sesamsamen und
90 g Leinsamen dazu. Erwärmen Sie die Milch
etwas und lösen Sie darin den Zucker und die
restliche Hefe auf, geben Sie 130 ml Wasser und
das Salz dazu, und vermischen Sie diese Flüssigkeit
mit dem Mehl.

Geben Sie nun den Vorteig dazu und kneten Sie
das Ganze zu einer weichen, aber kompakten
Masse. Teilen Sie den Teig in drei Laibe und lassen
Sie diese 20 Minuten gehen.

Danach bestreuen Sie die Brotlaibe mit Leinsamen
und lassen sie unter einem Geschirrtuch noch
einmal gehen, bis sie (nach etwa 40 Minuten) ihr
Volumen verdoppelt haben. Backen Sie die Laibe
etwa 40 Minuten bei 200 °C im vorgeheizten Ofen.

kultivierten Umfeld aufwachsen, die bekommen von ihrem Vater ebenfalls Unrat zu
essen. Denn ihr Vater, der beflecktes Brot
nach Hause bringt, hat seine Würde verloren.«

Wer hingegen ehrlich arbeitet, handelt
ethisch und spirituell richtig, mehr noch:
»Für mich handelt er heilig. Heilig, weil er
geduldig ist, weil er sich dem Leben ergibt,
weil er seinen Körper dem ermüdenden
Alltag unterwirft. Gerade dadurch, dass wir
in der Liebe leben und im täglichen Tun
unser christliches Zeugnis ablegen, sind wir
berufen, heilig zu werden – und zwar jeder
in der Situation und in dem Lebensstand, in
denen wir uns jeweils befinden. Sei heilig,
indem du aufrichtig und kompetent deine
Arbeit tust. Man braucht viel Geduld, um ein
guter Vater, ein guter Großvater, eine gute
Mutter, eine gute Großmutter zu sein. Man
braucht viel Geduld, und in dieser Geduld
kommt die Heiligkeit: indem man Geduld
übt.«

Auch hier positioniert sich Franziskus,
wie es für sein Pontifikat typisch ist, stilis-
tisch nah an der alltäglichen Erfahrung
seiner Zuhörer. Nicht umsonst weist er
immer wieder darauf hin, dass man in der
Familie Raum und Zeit für das gemeinsame
Essen schaffen muss: »Eine Familie die nie
zusammen isst, bei Tisch nicht miteinander
spricht, beim Essen fernsieht oder mit dem
Smartphone spielt, ist eine Familie mit
wenig Familiensinn.«

Ähnlich äußerte er sich auch in einem
Interview mit der argentinischen Zeitschrift
Viva: »Der Konsumzwang bringt die Men-

schen dazu, ihre Zeit mit sich selbst zu verbringen, anstatt rund um den Tisch mit der Familie. Ich verstehe gut, dass man die Nachrichten sehen muss, aber wer vor laufendem Fernseher zu Abend isst, unterläuft jedes Gespräch.« Am 11. November 2015 schlug er der Menge auf dem Petersplatz ein »Rezept« für ein gesundes Familienleben vor: »Bei Tisch spricht man miteinander, bei Tisch hört man einander zu. Wer bei Tisch schweigt, praktiziert keine mönchische Ruhe, sondern die Ruhe des Egoisten.«

Damit entwickelt er eine Ästhetik und Ethik des gemeinsamen Essens und lädt dazu ein, bewusst familiäres Zusammensein zu praktizieren, »das offenbar zu einer Sache verkommen ist, die man kauft und verkauft«. Er sagte, die Ernährung sei »nicht immer das Symbol einer gerechten Güterverteilung«, die alle einbezöge, »denen es an Brot und

»Eine Familie, die nie zusammen isst, bei Tisch nicht miteinander spricht, beim Essen fernsieht oder mit dem Smartphone spielt, ist eine Familie mit wenig Familiensinn.«

Zuneigung« fehle. »In den reichen Ländern sind wir offenbar gerne bereit, uns exzessiv zu ernähren und dabei unsere Achtung vor dem wahren Hunger, dem Hunger von Körper und Geist, zu verlieren.« Er fügte hinzu: »Was nicht der Gemeinsamkeit dient, ist Egoismus, jeder denkt an sich selbst. Umso mehr, da die Werbemaschinerie das Essen auf die Sehnsucht nach Fast Food und Süßigkeiten reduziert, während viele, zu viele Brüder und Schwestern nicht mehr an der gemeinsamen Tafel Platz nehmen können. Was für eine Schande!«

Solche Gedanken korrespondieren sehr gut mit den Ideen seines Zeitgenossen Enzo Bianchi (*1943), Gründer und Prior des Klosters Bose (Provinz Biella), der betont, dass »gute Theologie in der Küche entstehen und mit am Tisch sitzen kann«. Es sei »kein Zufall, dass es in der Bibel ein besonderes Wort für das Brechen von Brot gibt, das Zeichen dafür, dass das Brot für alle da ist und von allen geteilt wird. Es ist kein Zufall, dass sowohl die jüdische als auch die christliche Tradition das Gebet vor und nach dem Essen kennt: Es verhindert, dass man sich gierig auf die Mahlzeit stürzt und vermittelt Dankbarkeit für das Essen. Wer sein Mahl gemeinsam mit seinem Nächsten zubereitet und isst, wird entdecken, dass der Appetit des Menschen unendlich ist, denn der Appetit gehört nicht zum Körper, er entstammt der Seele.«

In seiner Enzyklika »Laudato si« schlägt Papst Franziskus vor, als Geste des guten Tons – auf spiritueller und auf sozialer Ebene – »vor und nach dem Essen innezuhalten und Gott zu danken«. Dieser Moment des Segensspruchs, erklärt er, »erinnert uns, selbst wenn er ganz kurz ist, an unsere

Abhängigkeit von Gott für unser Leben, unterstützt unser Empfinden der Dankbarkeit für die Gaben der Schöpfung, erkennt jene an, die mit ihrer Arbeit diese Güter hervorbringen, und stärkt die Solidarität mit den Bedürftigen.«

Solche Vorschläge treffen jeden ins Herz und zwar jenseits seiner Religion, seines Glaubens und seiner Ideologie. Sie lassen auch erkennen, warum Franziskus an Feiertagen der Menge sein revolutionäres »gesegnete Mahlzeit« wünscht. Es ist ein Zeichen seiner Achtsamkeit, seiner Einfachheit: »Er zeigt sich wie er ist. Er ist wie selbst gebackenes Brot«, meint der italienische Filmregisseur Ermanno Olmi (*1931) und führt – nicht zufällig – aus, dass diese »gesegnete Mahlzeit« den Wunsch nach einem wirklich besonderen Festtag beinhaltet, der gemeinsam begangen werden soll, in der Freude der Begegnung zwischen Eltern, Kindern und Freunden. »Gesegnete Mahlzeit«, weil alle etwas zu essen haben, rund um einen Tisch sitzen, nicht einsam und allein bleiben. »Gesegnete Mahlzeit«, weil alle sprechen und zuhören, ihre Aufmerksamkeit zeigen dürfen, ihre Gefühle, ihre Zärtlichkeit füreinander. Zärtlichkeit ist eine weitere wichtige Vokabel Bergoglios. In einer Ansprache sagte er: »Zig Lebensjahre ließen in mir immer stärker die Überzeugung heranreifen, dass das Dasein eines jeden von uns mit dem Dasein aller anderen verknüpft ist. Das Leben besteht nicht aus der Zeit, die vergeht, sondern aus der Zeit, in der man diese anderen trifft.« Auch, und vor allem bei Tisch. So die Worte von Koch Franziskus.

»Er zeigt sich wie er ist. Er ist wie selbst gebackenes Brot.«

Ermanno Olmi, Regisseur

»Meine vergangenen Lebensjahre ließen
die Überzeugung heranreifen, dass
unser Dasein mit dem Dasein aller
anderen verknüpft ist. Das Leben
besteht nicht aus der Zeit, die verrinnt,
sondern aus der Zeit, in der man
einander trifft.«

Rezepteregister

Literatur

Alborghetti R.: Francesco, Velar, 2013

Alborghetti R.: Nessuno resti indietro, Velar, 2016

Alborghetti R.: Quando il giorno era una freccia, AGeSC, 2014

Appendino O., Libert G.: Nonna Rosa, »La roccia delle Langhe« da Corte-milia all'Argentina, Comunecazione, 2014

Bergoglio J., Skorka A.: Sobre el cielo y la tierra, Random House Mondadori S.A., 2010; Ital.: Il cielo e la terra, Mondadori, 2013

Bergoglio J. M.: Hambre y sed de justicia, Editorial Claretiana, 2001

Himitian E.: Francisco – El papa de la gente, Aguilar, 2013

Papst Franziskus: Evangelii gaudium, Esortazione Apostolica, Tipografia Vaticana, 24. 11. 2013

Papst Franziskus: Laudato Si, Lettera Enciclica sulla cura della casa comune, Libreria Editrice Vaticana, 24. 5. 2015

Papst Franziskus: Misericordia et misera, Lettera apostolica, a conclusione del Giubileo straordinario della Misericordia, Libreria Editrice Vaticana, 20. 11. 2016

Papst Franziskus: La mia porta è sempre aperta, Conversazione con Antonio Spadaro, Rizzoli, 2013

Puente R. A.: Yo, argentino. Las raíces argentinas del Papa Francisco, Distal, 2015

Rubin S., Ambrogetti F.: El Jesuita, Editorial Vergara, 2010; Ital.: Papa Francesco. Il nuovo Papa si racconta, Salani, 2013